PORTRAIT

DE

PHILIPPE II,

ROI D'ESPAGNE

PORTRAIT

DE

PHILIPPE II,

ROI D'ESPAGNE.

A AMSTERDAM.

1785.

PRÉCIS
HISTORIQUE.

Philippe II n'eſt plus que cendres ;
deux cens ans le ſéparent de l'inſtant où
j'écris ; ſa renommée aujourd'hui appartient
à la juſtice des ſiecles. J'ai voulu peindre
ſon deſpotiſme terrible & ſuperſtitieux ,
raſſembler les traits de cette phyſionomie
cruelle qui fait horreur dans l'hiſtoire ; j'ai
voulu inſpirer aux autres l'indignation dont
j'ai été pénétré moi-même. La conſcience
dicte à l'écrivain ce qu'il doit faire ; & le vulgaire, inſenſible aux grandes calamités qui ont
peſé ſur l'eſpece humaine, ou n'en gardant
qu'un trop foible ſouvenir, ne conçoit pas
ce qui nous porte à frapper dans la tombe
ces redoutables ennemis du genre humain.

Combien cette tête devenoit effrayante
à meſure que je la conſiderois! Si l'on vit
jadis un ſtatuaire tomber aux pieds du Ju-
piter que ſon ciſeau venoit de finir , je puis
auſſi dire avoir reculé d'effroi devant l'image
que j'avois tracée.

La plume vengereſſe de l'écrivain doit
flétrir les méchans rois; car c'eſt là honorer les bons. Tous paſſeront à leur tour

fous le burin véridique qui dénoncera à
la poftérité leurs attentats ou leurs heureufes
qualités. Les moindres traits de leur caractere feront amenés au grand jour ; ils feront
livrés, de quelque voile qu'ils s'envelop-
pent, au jugement des hommes nés & à
naître.

Depuis Tibere, jamais tyran plus fombre
& plus cruel ne s'eft affis fur un trône ;
c'eft fur un lac de fang (& l'image ici
n'eft pas outrée) qu'il a fait voguer le vaiffeau de l'églife romaine. D'accord avec l'Inquifition, il protégea fes fureurs en Flandre, en Efpagne, & voulut la porter jufqu'en Amérique. Cruel par caractere &
par principes, jamais la clémence & la
pitié ne trouverent d'accès dans fon cœur ;
il s'affocia deux ames dignes de la fienne :
c'étoient le cardinal Granvelle & le duc
d'Albe ; il leur confia toute fon autorité,
parce que ces miniftres étoient durs & impitoyables comme lui.

Il voulut joindre à fon pouvoir, déjà fi
terrible, un gouvernement religieux, parce
que celui-ci domine l'homme tout entier.
De même que l'univers eft foumis à l'autorité de Dieu, ainfi le defpotifme religieux
prétend affervir le monde politique ; alors
tout rebelle eft hérétique, & les hérétiques
font toujours traités fur le pied des rebelles. On eft coupable envers le trône dès
que l'on eft plus croyant. La monarchie
religieufe eft donc la plus dangereufe de

toutes ; c'étoit celle que vouloit établir Philippe II. Il tenta de marier l'autorité spirituelle à l'autorité temporelle (1). Point de defpotifme fur la terre plus fier, plus atterrant ; ajoutez que cette monftrueufe forme de gouvernement s'attribue encore une fageffe & une vertu particulieres.

Depuis quelques fiecles le gouvernement eccléfiaftique avoit pris pour modele l'ancienne forme de l'Empirè Romain. Ces idées, foutenues de tout l'appareil de la religion, avoient les dehors les plus impofans ; elles enchaînoient de toutes parts les volontés, & les foumettoient à un feul culte ; de là à une feule loi il n'y avoit qu'un pas. Plufieurs princes voulurent donc réunir l'empire & le facerdoce, parce qu'ils devoient hériter par ce moyen de la puif-

---

(1) Un jugement de l'Inquifition d'Efpagne décida que tous les peuples des Pays-Bas étoient apoftats, & conféquemment criminels de lefe-majefté. Les comtes d'Egmont & de Horn furent exécutés. On étoit fur-tout redevable au premier des victoires de Saint-Quentin & de Gravelines. Philippe II afpirant à la couronne de Portugal, empêcha le cardinal Henri, grand-oncle du roi défunt, de fe marier ; agiffant fi bien en cour de Rome que les difpenfes ne vinrent point. Après la mort du cardinal, Philippe II s'empara de cette couronne fans coup férir. Ce perfécuteur obftiné des confciences renouvella les profcriptions romaines, & des têtes illuftres furent mifes à prix.

fance la plus étendue. Philippe II, furpaf-
fant en orgueil fes prédéceffeurs & fes con-
temporains , n'accordoit l'infaillibilité au
pape que pour s'arroger à fon tour les
mêmes prérogatives, que pour commander
avec la croix comme avec l'épée ; lorfqu'il
s'agiffoit de fes intérêts, il ne vouloit être
contredit ni contrarié de perfonne ; il falloit
trembler dès qu'il prenoit fon *crucifix* en
main. Le pontife le plus intolérant parloit
par la bouche du monarque le moins fenfible.

Il en réfulta un efprit de perfécution qui
fe changea en fanatifme politique ; il em-
braffa à la fois & corrompit toutes les parties du gouvernement, qui fut alors dans
la cruelle néceffité de tout fubordonner ,
de tout immoler aux idées religieufes. Son
principal but fut d'éloigner tout homme
qui penfoit, de flétrir & de rendre fufpect
tout ce qui refpiroit l'efprit de recherche.
Comment tant de maux font - ils émanés
d'une religion ayant un principe de bonté
univerfelle ?

Ce defpotifme honteux gâta la légifla-
tion dans toutes fes branches , la rendit à
la fois atroce & minutieufe. Le formel de
la religion, femblable à une étiquette fatigante, engendra, par fes gênes perpétuelles,
l'hypocrifie, fource de tant de vices ; les
préjugés les plus cruels & les plus dérai-
fonnables s'accrûrent en raifon inverfe des
lumieres & de la liberté. Tel fut le déplo-

rable fort de l'Efpagne ; le fanatifme y fut bâtir à fon aife dans les vaftes plaines de l'ignorance ; les peuples furent abrutis : mais l'autorité n'y gagna point tout ce qu'elle comptoit y gagner ; les hommes, fous ce double joug, paffent ordinairement d'une obéiffance aveugle à une défobéiffance toute femblable. Philippe III fut obligé de reconnoître les Provinces - Unies pour état libre & indépendant. Il s'obligea de ne point gêner leur commerce dans les Indes ni dans l'Amérique.

Le monarque que je peins étoit roi d'Efpagne, des Deux-Siciles, des Pays-Bas, maître de Tunis, d'Oran, des Canaries, & de quelques ifles du cap Verd ; des Philippines, des ifles de la Sonde & d'une patie des Moluques ; des empires du Méxique & du Pérou, de la Nouvelle-Efpagne, du Chili, & de prefque toutes les ifles qui font entre les deux continens de l'Amérique & de l'Europe. Dieu de l'univers, quel immenfité de pouvoir réunie dans la main d'un feul homme qui n'en méritoit plus le nom !

Tout auroit pu placer ce Monarque au-deffus de tous ceux que le Ciel a chargés du gouvernement de la terre ; il auroit pu tourner cette force du côté de la véritable gloire : mais il n'en avoit pas la moindre idée. Pendant quarante-deux ans qu'il trama dans fon cabinet l'afferviffement de l'Europe, il ne donna point un

feul jour au bonheur du monde ; toujours
fourbe , toujours cruel , toujours fuperfti-
tieux , il ne manqua jamais l'occafion d'une
petite févérité , ni celle d'une punition
barbare.

Il médita la conquête de l'Angleterre ,
comme s'il eût eu horreur de tout ce qui
tenoit à la liberté. Sans Drake qui brûla
cent de fes vaiffeaux dans le port de Cadix,
fans la tempête qui difperfa cet armement
formidable , connu fous le nom de l'*invincible
armada* , cette précieufe république étoit
effacée de deffus le globe. (1)

------

(1) Voici de quelle maniere un poëte a peint
cet événement. « Une flotte formidable fait mugir
les flots. C'eft plutôt une armée de châteaux
flottans ; on l'appelle l'*invincible* , & la terreur
qu'elle infpire , confacre ce nom ; l'Océan qui
tremble fous fon poids , paroît obéir à fa marche
lente & majeftueufe ; elle avance , cette flotte
terrible , comme un orage qui groffit ; elle eft
prête à fondre fur l'ifle généreufe que le Ciel
regarde d'un œil d'amour , fur l'ifle fortunée dont
les nobles habitans ont le droit d'être libres , &
l'emportent en dignité fur tous les habitans de
la terre , parce qu'ils ont fu faire des loix qui
enchaînent depuis le roi jufqu'au dernier citoyen ;
ils ont voulu être libres , ils le font devenus ; le
génie & le courage maintiennent leurs auguftes
privileges. Jamais cette ifle fi chere aux grands
cœurs , aux ennemis de la tyrannie , ne parut
fi près de fa ruine. Les hommes généreux qui
d'un pole à l'autre s'intéreffent à cette majef-

Quel eût été son pouvoir si, déja maître d'une partie de l'Europe par l'héritage
de ses peres, il eut joint l'Angleterre,
dont il avoit été roi, à ses royaumes!
Elisabeth auroit échoué contre la formi-

tueuse république, croyoient sa délivrance impossible ; mais le Tout-Puissant voulut conserver le
noble rempart de la liberté , cet asile inviolable
de la dignité humaine ; il souffla, & cette flotte
invincible fut brisée & dispersée ; ses débris épars
furent suspendus aux pointes des rochers , ou
couvrirent les bancs de sable , écueils vengeurs
où s'anéantirent l'arrogance & la témérité. »

Ces mots du poëte , *le Tout-Puissant souffla*,
font illusion à la médaille que la reine Elisabeth
fit frapper en mémoire de ce grand événement.
On voyoit au revers une flotte fracassée par la
tempête , avec cette légende: *Afflavit Deus , &*
dissipati sunt.

Cette flotte étoit composée de cent trente
vaisseaux, tant galions que galéasses ou galeres,
de deux mille deux cen- quatre-vingt-quatorze
pieces de canon, de neuf mille cinq cens cinquante matelots, de trente-trois mille huit cents
soldats ; deux ou trois armées étoient prêtes à
s'embarquer au premier signal. L'anéantissement
de cette flotte fut l'époque de la décadence de
Philippe. Il n'exista plus avec cette majesté terrible qui commandoit la terreur & l'admiration;
tous ses projets devinrent bornés; on eût dit
qu'il n'avoit plus qu'un objet en tête , la destruction du parti calviniste en France. Il épuisa les
mines du Nouveau-Monde ; mais ses richesses
furent insuffisantes.

dable puiſſance Eſpagnole (1); mais ce
qui fit heureuſement la foibleſſe de cette

---

(1) Philippe II, qui avoit déjà partagé le
trône de Marie, étoit déteſté de tous les Anglois.
Ils avoient démêlé ſon eſprit ſuperbe, faux &
cruel ; ils redoutoient l'excès de ſon amour pour
le ſaint-ſiege. Eliſabeth ayant à ſe délivrer des
pourſuites de Philippe II, ſe décida à la réformation. La liberté que donnoit le calviniſme,
convenoit mieux à une femme du caractere
d'Eliſabeth qui avoit du goût pour les ſciences.
Les moyens dont ſe ſervit Eliſabeth pour établir
la réformation en Angleterre, furent adroits ; &
bientôt on laiſſa paſſer un acte ſolemnel qui dé-
claroit la reine ſouveraine gouvernante de ſon
égliſe dans ſon royaume, tant au ſpirituel qu'au
temporel ; ainſi l'on vit des hommes d'état, des
têtes politiques, s'aſſembler gravement pour donner à une femme le droit de créer les évêques,
& d'extirper les héréſies. Les prélats qui réſiſ-
terent, c'eſt-à-dire, qui aimerent mieux renoncer à leurs bénéfices qu'à leur religion, compo-
ſerent le plus petit nombre. C'eſt bien le cas de
dire, avec le préſident de Thou, que *ſi les grands
événemens pouvoient ſe prévoir, ils n'arrive-
roient jamais* Les ordres d'Eliſabeth contre les
catholiques furent rigoureux. Ce fut la bulle de
Pie V qui occaſionna quelques violences qui furent paſſageres. Eliſabeth fut intolérante, parce
que les catholiques de ſes états furent très-impru-
dens. Paul IV répondit aux réſidens d'Angleterre,
lorſqu'ils lui notifierent l'avénement d'Eliſabeth à
la couronne, qu'elle n'y avoit aucun droit, parce
qu'elle était *bâtarde*, & que l'Angleterre étoit un
fief du ſaint-ſiege.

monarchie, malgré ses grandes possessions, c'est qu'il n'y eut jamais d'ensemble parmi les mêmes sujets ; on ne sut point composer un peuple de tant de peuples différens. La conquête avoit séparé les Catalans, les Aragonois, les Portugais, les Napolitains, les Flamands ; les faveurs de la cour n'étoient que pour les habitans de Madrid ; & le ministre Olivarès disoit fort bien que le vaste amas des provinces Espagnoles n'étoit qu'un corps fantastique, soutenu de l'opinion & non de la réalité : ainsi la grandeur de cette nation s'opposoit à ce souffle vivifiant, qui, dans l'ordre de la politique, fait l'organisation des états. Et qu'est-ce au fond que cette multitude de sujets qu'il faut protéger & défendre, & qui deviennent inutiles à l'ensemble, dès qu'ils ne peuvent plus faire participer leur force ni leur industrie à l'intérêt général ? On pourroit proposer ici pour emblême ces vaisseaux qui, par leur prodigieuse pesanteur, sont incapables de naviger sur l'Océan, & qui restent immobiles dans le port, comme un objet d'ostentation ou de curiosité.

Les mines de l'Amérique sembloient lui assurer de grandes richesses, & néanmoins ses finances furent souvent épuisées. Il emprutoit de la république de Gênes, il demandoit à la cour de Rome des octrois sur les biens ecclésiastiques, & l'on vit ses troupes (qui le croiroit !) faute de paiement, fe mutiner au fiege d'Amiens.

Que n'a pas fait Philippe II contre Henri IV ! que d'artificieux efforts pour empêcher fa réconciliation avec le S. Siege ! Comme beau-frere des trois derniers monarques, fon but étoit de faire tomber la couronne de France à fa fille Ifabelle qui en étoit la niece.

Or ne le ménageoit point en France. Jugé de fon vivant, il étoit comparé à Pharaon, & l'on écrivoit de lui en propres termes : *Ce vieux fatrape, couvert du fang de fon fils, de celui de fa femme, veut, comme un Xerxès, couvrir la mer de fes vaiffeaux ; mais ils ont été précipités par le Ciel fur les rochers d'E-coffe & d'Irlande. Ce vieux roi, déjà radotant, & déjà un pied dans le tombeau, duquel tous les états branlent & ne font qu'attendre que fa derniere heure fonne pour fecouer le joug..... Son empire eft comme un buffet marqueté, compofé de pieces rapportées qui fe défuniront.*

Mais ces invectives que la haine prodiguoit, n'empêchoient pas que ce ne fût conftamment un terrible cabinet que celui de Philippe II. Maître des tréfors de l'Amérique & de l'Afie, il remuoit l'Europe à fon gré, & dans toutes les affaires il obtenoit la prépondérance : il fe croyoit fi fûr de fes projets, qu'il difoit ouvertement : *Ma bonne ville de Paris, ma bonne ville d'Orléans.* S'il avoit fu profiter de la victoire après la bataille de Saint-Quentin, il eût pu renverfer la monarchie ; mais dans l'hiftoire des batailles on voit preſque toujours le vainqueur, las ou étonné de ſon ſuccès, n'avoir pas l'habileté de pourſuivre ſa fortune.

La maiſon d'Autriche déceloit une ambition ſoutenue, & un eſprit de domination orgueilleuſe ; mais elle perdit en intrigues & en négociations le tems qu'il falloit employer à combattre & à vaincre. Philippe II auroit pu ruiner la France ; mais ſa politique ne ruina que la ligue : il n'eut point le courage d'un Edouard ou d'un Charles V. La conquête du Portugal, ſi on peut l'appeller ainſi, fut le ſeul avantage que la monarchie Eſpagnole eut ſous le regne de Philippe II. Il ſeroit devenu redoutable, ſans cette multiplication d'affaires qui lui fit mêler inceſſamment le fanatiſme religieux aux devoirs de l'empire. Enfin, ce monarque ſombre & atrabilaire fit tant de mal à la France, que le mécontentement national ſe manifeſta contre l'Eſpagne, & contre tout ce qui portoit le nom Eſpagnol. Ce reſſentiment exiſta longtems dans nos provinces méridionales, où j'en ai vu encore des traces, où la ſimple tradition y avoit perpétué le ſouvenir des calamités publiques. Les prétentions de l'Eſpagne, preſque toutes fondées ſur une inſupportable & arrogante vanité, offenſoient à juſte titre l'orgueil national ; puis la préſéance qu'affectoit par-tout l'Eſpagnol, devenoit fatigante & ridicule.

Charles-Quint avoit donné à l'univers un ſpectacle extraordinaire, en abandonnant

tout-à-coup le projet d'une monarchie uni-
verselle, en se démettant de ses vastes états,
& en abdiquant la couronne en faveur de son
fils qu'il n'aimoit point. C'étoit un événement bien remarquable de voir ce puissant
empereur faire succéder les offices, le chant
des pseaumes, & les autres exercices clauf-
traux aux fonctions royales, militaires &
politiques (1). Comment est-on dégoûté de
ces grandes occupations qui élevent l'ame,
la remplissent, & portent avec elles un si
puissant intérêt, que doit suivre une satisfaction inconnue à nous autres foibles particuliers ?

Cet ambitieux s'étoit démis du pouvoir
suprême avec tous les dehors de l'indifférence ; il avoit fini son rôle par se coucher
publiquement dans un cercueil, & par faire
chanter autour de lui l'office des morts,
comme s'il n'étoit plus : mais il manquoit à
ses obseques une voix mâle & intrépide qui
fît tonner la vérité ; non celle qui est scanda-
leuse, ou qui tient à de futiles objets, mais
cette vérité qui instruit le présent & l'avenir, en révélant à la terre les erreurs ou les
crimes politiques des souverains, en dé-
nonçant leurs fatales méprises ; cette vérité

---

(1) Il avoit à la bouche des maximes qu'il
auroit dû mieux sentir. *Les gens de qualité,*
disoit-il, *me dépouillent, tandis que les gens de
lettres m'instruisent, & que les marchands m'en-
richissent.*

enfin,

enfin, qui représenteroit sous des couleurs frappantes les mauvais riches portant scep-tre & couronne ; les princes qui n'ont point d'argent pour bonifier leurs vastes domaines ; & qui le prodiguent pour dévaster ceux d'autrui.

Charles-Quint faisoit toujours le contraire de ce qu'il juroit ou promettoit ; car l'am-biguité formoit la base de son caractere. Cette étonnante abdication l'on en ignore encore le vrai motif ; mais après avoir joué la comédie du cercueil, il ne tarda point à s'en repentir. A peine Philippe II fut-il reconnu dans le royaume, que Charles - Quint fut dédaigné. Ignoré de ses sujets, il étoit au milieu d'eux comme dans un pays étranger. Les courtisans voyant qu'il n'y avoit rien à gagner, ne lui faisoient plus de visites. Il s'étoit réservé une somme pour récompenser ses serviteurs : l'ingrat Philippe II en différa le paiement. L'ancien maître de tant de royaumes n'avoit plus d'argent, & se pro-menoit dans un cloître solitaire un bréviaire à la main ; tous les vendredis de carême il se donnoit la discipline avec la communanté. Etrange spectacle que cet empereur donnoit au monde !

Cependant l'acte de son abdication avoit été solemnel & même touchant ; il pressa son fils entre ses bras, en lui disant : *Vous ne pouvez me payer de ma tendresse qu'en tra-vaillant au bonheur de vos sujets ; puissiez-vous avoir des enfans qui vous engagent à faire un*

jour pour l'un d'eux ce que je fais aujour-
d'hui pour vous !

L'ame de Charles étoit-elle réellement au-
deſſus d'un trône, ou n'étoit-ce que l'effet
d'un dégoût paſſager ? Les hiſtoriens ſe ſont
permis bien des conjectures, & peu ſont
ſatisfaiſantes. Perſonne avant lui n'avoit imaginé d'aſſiſter à ſes propres obſeques; il s'en-
rhuma dans ſon cercueil de plomb, tandis
qu'on chantoit autour de lui des pſeaumes
funebres, & mourut dans l'année des ſuites
de ce rhume.

Charles - Quint avoit été intolérant ; cet
eſprit de perſécution qui repouſſe les lumieres naturelles, avoit rendu ſon génie
funeſte à l'univers. Voulant dans ſa retraite
mettre deux horloges parfaitement d'accord,
il ne put en venir à bout, & ce mot lui
échappa : *Comment deux hommes auroient-ils*
donc la même croyance ? Il eſt trois points
d'autorité que Dieu n'a jamais partagés avec
les hommes, dit un auteur moderne, le
droit de diſpoſer des conſciences, le droit
de prévoir l'avenir, & le droit de faire ſortir
quelque choſe de rien.

Philippe II, dans ſon orgueil deſpotique,
héritant de ces fauſſes idées, vouloit aſſujettir les hommes à l'uniformité de ſa croyance.
Tel étoit le fonds de ſon caractere, & la
baſe immuable de ſes actions. A peine fut-il
ſur le trône, qu'il fit brûler en effigie le prédicateur & le confeſſeur de Charles-Quint
ſon pere ; & peu s'en fallut qu'il ne flétrît la

mémoire de cet empereur, en le déclarant hérétique. Cette étrange superstition étoit-elle dans son cœur, ou dans le génie Espagnol ?

Le puissant Charles - Quint avoit voulu consommer les desseins de Maximilien & de Ferdinand, & achever cette haute fortune qui devoit embrasser l'Europe ; mais son ambition trop vaste ne fut pas soutenue par un génie assez guerrier. Il ne mit pas à profit ses longues prospérités (1) ; ses guerres furent trop coupées, il ruina lui - même la fortune dont il avoit hérité, en faisant la faute politique de regarder l'asservissement de l'Em-

____

(1) Les succès de ses armes néanmoins furent extraordinaires. La fortune lui donna deux empires dans le Nouveau-Monde ; il remporta par ses lieutenans quarante glorieuses victoires ; il termina à son avantage soixante & dix guerres, fit taire des révoltes dangereuses en Allemagne, ruina la ligue de *Smalcalde*, & obligea deux fois Soliman à lever le siege de Vienne, assiégee par trois cens mille Turcs ; il donna la chasse aux pirates sur toutes les mers qui baignoient les côtes de ses états ; il défit dans son premier voyage d'Afrique le fameux Barberousse, dont l'armée étoit de seize mille chevaux & de deux cens mille hommes de pied. Il dut une partie de ses conquêtes à sa promptitude ; souvent il accouroit en poste d'une extremité d'un royaume à l'autre, pour calmer un commencement de sédition. Ce qu'il craignit le plus, & ce qu'il se mit en devoir d'appaiser avant tout, ce furent les révoltes d'Allemagne.

pire, comme le premier pas qui devoit le
conduire à la monarchie univerſelle. Cette
erreur diviſa ſa puiſſance, & ſa précipitation
à faire élire ſon frere, roi des Romains, fut
peut-être dans la ſuite la principale cauſe du
ſalut de l'Europe. L'empire d'Allemagne reſ-
pira ſous un joug plus léger.

Heureuſement que Charles-Quint ne put
diſpoſer de l'Empire comme de ſes états hé-
réditaires. Il eût laiſſé toute ſa puiſſance entre les mains de ſon fils ; déjà il ſe repentoit
d'avoir procuré à ſon frere le titre de roi des
Romains, après avoir tenté de l'y faire renoncer par les offres les plus inſidieuſes. Il
s'étoit eff rcé de gagner une diette ; mais le
Corps Germanique, toujours vigilant pour
ſa liberté, redoutoit un chef trop puiſſant
qui auroit pu devenir dangereux. Charles-
Quint n'ayant pu vaincre l'oppoſition de ſon
frere, laiſſa malgré lui l'Empire à Ferdinand.

La maiſon d'Autriche étoit donc ſur le
point d'envahir l'Europe. Richelieu apperçut
pour l'avenir l'étendue du péril, & ſous ce
point de vue il p ut être conſidéré comme le
bienfaiteur de pluſieurs nations Européennes.
La monarchie univerſelle étoit le rêve de
Philippe II, ainſi qu'il l'avoit été de Charles-Quint ; mais la ſituation des états de ce
dernier empereur étoit beaucoup plus favorable à ſes deſſeins. La maiſon d'Autriche
touchoit alors au plus haut terme de grandeur, au plus haut degré de puiſſance ; les
anciens ſujets étoient ſoumis & aguerris ;

les Espagnols s'enrichissoient des trésors du Nouveau-Monde ; les Pays-Bas menaçoient également la France & l'Empire ; & la religion, livrée à de violens débats, lui servoit tour-à-tour de prétexte pour mettre en feu les états, pour en diviser les princes, ou pour les réunir.

La monarchie Espagnole perdit beaucoup de son crédit sous le regne de Philippe II, parce qu'il épuisa son pays pour conserver les héritages de la maison de Bourgogne, & qu'il ne tenoit pas en main ce ressort unique & général, qui, sous le regne de son pere, avoit donné le même mouvement à toute cette grande puissance.

La politique de Philippe II étoit artificieuse, mais oisive. Ce *démon du midi*, ainsi qu'on l'appelloit, songeoit moins à profiter du trouble & de la division qu'il souffloit dans toute l'Europe, qu'à les faire naître. Connoissant tout le pouvoir des papes & de la religion, il sut se l'approprier en affectant pour le catholicisme un zele sans bornes. Par ce moyen, il devenoit l'appui & le vengeur de tous les pays catholiques ; il forçoit le pape à lui déférer son immense autorité ; il régnoit par l'opinion, ainsi que par les armes. Comment ses ennemis auroient-ils pu échapper à ce double ascendant ?

Voilà ce qui explique ses fureurs superstitieuses & non interrompues ; mais la lenteur de ses opérations devenoit heureusement aussi dangereuse que l'imprudence même ;

& fans la faute de fes ennemis, l'Efpagne auroit perdu plus qu'elle ne fit. Philippe II, malgré cette oftentation de pouvoir, ne fut-il pas obligé de demander la paix à Henri IV ? Ne perdit-il pas Tunis & le fort de la Goulette ? Une partie des Pays-Bas fecoua fon joug ; il menaça inutilement l'Angleterre.

Il donnoit en même tems à de petits objets un tems que réclamoient inutilement les circonftances les plus heureufes, pour donner à fa fortune un plein eflor. Une tracafferie eccléfiftique l'occupoit auffi férieufement que l'affaire de la ligue ; il s'intéreffoit à des réglemens pour un chapitre de moines, comme au fuccès d'une bataille. Toujours docile aux volontés des papes (1) dès qu'ils parloient,

---

(1) On vit dans ce fiecle un fouverain pontife, devenu chef d'armée, faire alliance avec le roi Très-Chrétien contre le roi Très-Catholique ; on vit des cardinaux fe charger d'une cuiraffe, avoir la lance au poing ; & l'on fit publiquement des reproches au cardinal Caraffe de ne rien entendre à la tactique & aux évolutions militaires. Philippe II fut entiérement fubjugué par l'opinion de fon fiecle. Il figna un traité de paix honteux avec Paul IV ; il s'humilia jufqu'à folliciter un pardon du fouverain pontife. Ce pape fe vantoit à chaqu'inftant d'abaiffer la fierté Efpagnole ; il s'oppofa au couronnement de Ferdinand, frere de Philippe, élu roi des Romains ; il répandit contre lui un libelle fous le nom de manifefte ; il perfécuta, il fit emprifonner les Colonnes, de tous tems vendus

il avoit tant de haine pour les réformés , qu'il facrifioit fa tranquillité & fa réputation au defir de les immoler ; il fecondoit fes ennemis même , pour peu qu'ils montraffent quelque animofité contre les proteftans. Il fe réjouiffoit enfin des fuccès d'une nation rivale , lorfqu'ils étoient contre les réformés.

Il fut le premier à croire, ou du moins il voulut qu'on crût le pape infaillible. Sa politique étoit fans doute de tourner cette opinion facrée contre fes ennemis , & de ne pas fouffrir qu'elle trouvât des contradicteurs.

La fupériorité de la maifon d'Autriche n'étoit pas entiérement due à Charles-Quint ; il fuccédoit à deux princes qui lui avoient préparé un regne glorieux , Maximilien & Ferdinand. Le premier , profond dans fes vues avoit un génie toujours agiffant ; il divifoit ceux qu'il ne pouvoit vaincre. Le fecond , fouple , hardi , artificieux , n'avoit jamais rien eu de facré. Ces deux princes

à la maifon d'Autriche ; enfin , ce pape altier attribuoit au pontificat la vertu de tenir les rois & les empereurs à fes pieds. Sous Pie V , Philippe II montra la même foibleffe. Si l'opinion fe fût conftamment établie , que l'autorité des papes , qu'ils exercent de droit divin fur les chofes fpirituelles , pût s'étendre fur les couronnes des rois , tous les royaumes feroient foumis aujourd'hui à la tiare ; on eût vu les rois excommuniés , & leurs états donnés aux inftrumens de cette étrange domination.

formerent le projet de la monarchie univerfelle , & le laifferent en héritage à leurs def-
cendans. Cette idée flatta l'ambition de Charles-Quint, qui furprit l'Europe dans un moment de trouble univerfel : elle faillit de perdre
fa liberté ; mais François 1er.(1) & la France ne

---

(1) La rivalité qu'exifta entre François premier
& Charles-Quint, forme une époque curieufe
dans l'hiftoire. Ces deux princes, oppofés l'un
à l'autre, avoient un caractere tout différent ; &
qui fe lifoit, pour ainfi dire, fur leurs phyfiono-
mies. François Ier. avoit la taille haute & quar-
rée, le front large, le nez aquilin, l'air mar-
tial ; il étoit de facile accès s'exprimoit heureufement. Charles Quint avoit les cheveux
blonds, le vifage long, le teint blême, la levre
de deffus fort groffe & pendante. Il aimoit à
être feul, il parloit peu ; il invitoit les autres à
s'ouvrir, ne s'ouvrant jamais lui-même ; il ne
pouvoit fouffrir qu'on le regardât fixément ; car
lorfqu'il fut queftion de fatisfaire la curiofité de
Maximilien Ier. fon aïeul, qui demandoit fon
portrait, il fallut le mettre entre les pointes de
quatre épées, pour l'obliger de donner le tems
au peintre de le confidérer. François Ier. aimoit
les actions d'éclat, les louanges flatteufes & la
volupté. Il vuidoit fon tréfor pour fes plaifirs,
fans trop s'embarraffer enfuite comment il le
rempliroit. Inhabile à former des pieges, preux
chevalier, il attendoit tout de fon courage. Charles-Quint, férieux & réfléchi, voiloit une ambition démefurée, & n'ufoit de la force qu'après
avoir déployé la rufe & l'artifice. Il haïffoit la
dépenfe & mettoit beaucoup de réferve dans fes

fe laifferent point effrayer ni entamer. La bravoure de nos aïeux fit la balance : ce qui fauva la liberté de l'Europe. Qu'elle fe re-place aujourd'hui à cette époque , & elle fentira qu'elle doit quelque reconnoiffance à la valeur des François.

Il eft très-vraifemblable que Philippe II avoit long - tems efpéré de réunir la France

---

plaifirs , évitant tout fcandale & cachant avec foin fa maîtreffe favorite. Jean d'Autriche , fon fils naturel , ne put jamais diftinguer entre deux dames celle qui étoit fa mere.

François Ier paya de fa perfonne dans les com-bats. Charles-Quint fit la guerre fur-tout par fes lieutenans. Ses profpérités ne furent inter-rompues que par l'échec qu'il reçut devant Metz, par l'habileté du duc de Guife. On a voulu dire que la honte qu'il en eut , fut le motif de fon abdication. François Ier, emporté par une bra-voure aveugle , fut prifonnier à Madrid , & n'y perdit pas la dignité qu'il devoit à fon rang. Ces deux rivaux qui tinrent l'Europe en fufpens , figurent avantageufement dans l'hiftoire; mais après avoir bien examiné ces deux grands per-fonnages qui font contrafte , on fe décide pour François Ier, en ce que fon caractere offre une franchife & une générofité qui ne l'euffent point fait abufer de la victoire , s'il avoit eu tous les avantages de fon adverfaire. Sans ce roi belli-queux , la fortune de Charles-Quint auroit pu s'étendre à un point effrayant pour ceux qui aiment à voir le cours des événemens rompre l'ambition démefurée , & brifer l'orgueil qui tend à renverfer les barrieres des libertés nationales, à l'Espagne ; car il vouloit vaincre le parti du roi par la ligue , & la ligue par le parti du roi (1). Mais dès que les François eurent reconnu leur légitime maître , la France reprit sa supériorité, qui fut très-utile à ses voisins. Henri IV releva les espérances de l'Empire , & fit entrevoir à ses princes qu'on pouvoit forcer l'orgueil des empereurs à plier sous la majesté des loix germaniques.

Si depuis le cardinal de Richelieu humilia enfin cette formidable maison d'Autriche , c'est qu'il avoit hérité du génie & des desseins de Henri le Grand (2).

Richelieu devint l'ame de toute l'Europe ; il fit que le célebre Gustave-Adolphe cons-

---

(1) Il se persuadoit quelquefois avoir des droits sur la Bretagne ; il osoit dire que par la mort de Henri III , le duché de Bretagne étoit dévolu à l'infante sa fille , comme héritiere de sa mere , fille ainée de Henri II. Ce titre devoit transmettre , selon lui , à ses descendans l'héritage de la maison de Valois.

(2) Henri IV vouloit mettre des bornes à l'ambition & au pouvoir de la maison d'Autriche , soit en Allemagne , soit en Italie. Nulle entreprise ne fut jamais mieux concertée. Henri se liguoit avec l'électeur de Brandebourg lorsqu'il fut assassiné. C'est un beau rêve politique que le projet de république chrétienne , attribué au même prince. Si cette idée sublime a été conçue dans un tems où les lumieres n'étoient ni si grandes ni si étendues que de nos jours , pourquoi n'a-t-elle pas été reprise ?

terna l'empereur, que l'Espagne trembla devant la France. Sa politique savante, & non moins hardie, substitua la maison de Bourbon à la maison d'Autriche, & lui attribua la puissance dont celle-ci avoit joui dans l'Europe. Point de doute que l'Europe n'y ait réellement gagné; car en ruinant la grandeur de la maison d'Autriche qui aspiroit à d'injustes & immenses dominations, la puissance des François forma l'ombre à laquelle plusieurs républiques dûrent leur naissance ou leur tranquillité.

Avouons en même tems que la politique profonde de Richelieu avoit fasciné, pour ainsi dire, les yeux de l'Europe; car il avoit travaillé à augmenter considérablement la puissance enviée des François. Ce qui le prouve, c'est que l'Europe revint sur ses pas, quand Louis XIV, trop épris de son pouvoir, déploya un orgueil fastueux. L'Europe alarmée embrassa les intérêts de ses premiers ennemis, pour établir un équilibre, qui, véritable ou imaginaire, devoit faire sa sûreté.

Les conquêtes effervescentes de Louis XIV eurent donc leur source dans le mouvement que Richelieu avoit imprimé; & quand on considere aujourd'hui la prépondérance inattendue qu'il donna au trône de Louis XIII, l'heureux abaissement de ces grands, ennemis du peuple & du roi, la création des arts dont nous jouissons, & qui endormirent à propos les factions, sa rare & étonnante prévoyance fur une multitude d'objets, on doit le regarder comme le plus grand homme d'état dont la France puiſſe encore ſe glori-fier; nul autre n'a poſſédé ſon génie.

On jouit d'un ſpectacle bien intéreſſant, & qui forme la preuve la plus glorieuſe du courage conſtant de la nation Françoiſe, & des reſſources extraordinaires qu'elle porte en elle-même, quand après la peinture des débats entre la maiſon d'Autriche, & la maiſon de Bourbon, à la ſuite des déſordres de nos guerres civiles, lorſqu'enfin Philippe II étoit ſur le point de donner la France à ſa fille Iſabelle (1), on voit ce royaume, ſorti à peine de ſes ruines ſous Henri le Grand, humilier tout-à-coup ſes voiſins orgueilleux ou jaloux, & conclure ce célebre traité de Vervins, qui fut le ſignal de l'abaiſſement de la monarchie Eſpagnole. Que dis-je ! l'Eſpagne même paſſa au petit-fils de Louis XIV, &, aux droits de la naiſſance, la France joignit la gloire de conquérir cette couronne. Ainſi la ſuperbe maiſon d'Autriche perdit ſon au-

____

(1) La bulle de Sixte-Quint contre les Bour-bons prenoit ſa force dans les opinions fanatiques du ſiecle. Les termes en ſont curieux pour le tems où nous vivons. Sixte-Quint dit : *Le pou-voir pontifical eſt infiniment au deſſus de toutes les puiſſances de la terre ; c'eſt lui qui fait deſ-cendre du trône les maîtres du monde pour les précipiter dans l'abyme, comme des miniſtres de Lucifer*, &c.

tique fupériorité, & la perdit pour jamais. On applaudit à cette chûte, quand on confidere l'ame & la polique d'un Maximilien, d'un Ferdinand, d'un Charles-Quint, enfin d'un Philippe II.

Et lorfque l'on fonge que, fi ce dernier monarque avoit pu du moins fe réfoudre à fatisfaire les prétentions de la Savoie, de la Lorraine & des Guifes, il eût peut-être arraché la victoire à notre Henri IV, & commencé véritablement à régner fur la France qui auroit perdu fes forces, on voit avec effroi combien l'ambition de la maifon d'Autriche étoit hautaine, & pouvoit devenir dangereufe à nos libertés nationales.

Le feizieme fiecle eft le fiecle le plus marqué par de grands crimes, & par de grands événemens. Quels rois, grand Dieu, étoient alors affis fur les trônes! Catherine de Médicis, Charles IX, Henri III, Philippe II, Chriftiern II, Henri VIII, fans compter les papes artificieux & cruels! Il eft heureux de fe trouver dans un tems où les rois font humains & ménagent le fang des hommes.

Le proteftantifme fut une barriere que les Cercles Germaniques oppoferent à la trop grande puiffance de Charles-Quint. On fit d'une difpute théologique un rempart contre la tyrannie; on ne concevra que d'après ces idées comment il s'eft trouvé un prince qui commandoit à l'inquifition d'exterminer tout ce qui ne croyoit pas à la *tranffubftantiation*: mais étoit-il poffible en même tems que des peuples que l'on tourmentoit si cruellement pour ce dogme, ne réagissent point de toutes leurs forces ? Les réformés se régénérerent sous les coups dont on les accabloit.

Elisabeth fut l'auteur de leur indépendance: voilà son titre de gloire aux yeux de la postérité. Cette Elisabeth, avide de vraie gloire, tolérante & ferme, suivit le parti de l'honneur, & donna par sa sage administration une grande influence à l'Angleterre.

La Hollande & la Zélande, mécontentes du gouvernement de Philippe II, ayant fait offrir à Elisabeth de la reconnoître pour souveraine, elle répondit à leurs ambassadeurs, qu'il ne seroit ni beau ni honnête qu'elle s'emparât du bien d'autrui. Elle ajouta que la Hollande avoit tort d'exciter tant de tumulte pour la *messe* : mais après avoir parlé ainsi, elle sut agir en souveraine, c'est-à-dire, qu'elle sut deviner que les religionnaires deviendroient en Europe les partisans d'une liberté que Rome & la maison d'Autriche s'efforçoient d'anéantir.

On dit qu'Elisabeth viola le droit des gens en donnant du secours aux Hollandois ; qu'elle ne devoit pas se mêler de cette querelle ; qu'il ne lui étoit pas licite de s'établir juge des torts que Philippe II pouvoit avoir envers les Flamands. Ceci est un sophisme ; les états ne sont pas plus isolés que les individus. La saine politique, les loix sacrées de l'humanité, exigent que les injures faites à une nation soient apperçues & senties par

toutes les autres. L'intérêt de la grande fociété veut évidemment que les loix conftitu-
tives d'un état ne foient pas impunément
violées ; la grande fociété doit prendre part
aux outrages réfléchis & atroces d'un tyran
aveugle ou furieux ; c'eft l'intérêt général
qui doit préfider à tous les mouvemens des
corps politiques : tel eft le but effentiel de la
fociété Européenne.

Quoi, une nation entiere verroit d'un œil
tranquille une nation voifine, dont le fang
couleroit fous des caprices extravagans &
barbares ! Quand les loix humaines font violées, tout rentre alors dans le droit primitif ;
affifter un peuple opprimé, & le foutenir
dans fes généreux efforts, voilà le cri de la
nature : cri puiffant, conforme aux principes
de la liberté naturelle ; réclamation tour-à-
tour utile à toutes les nations ; car il s'agit
ici de l'intérêt des peuples contre celui de
quelques fouverains.

L'état qui s'ifoleroit dans les grandes calamités de fes voifins, qui fermeroit l'oreille
à leurs gémiffemens, ou qui ne verroit que
ce qui blefferoit fes intérêts particuliers, s'ex-
poferoit donc à ne pouvoir jamais réclamer
la médiation ni le fecours d'une puiffance li-
mitrophe, ce droit antique & facré des peuples malheureux ; les oppreffeurs feroient
donc éternels fur la terre, & violeroient à
loifir les privileges du contrat focial, en fran-
chiffant les barrieres des loix vivantes.

Je fais que le defpote, toujours ombrageux , criera à la rebellion , dès que la moindre foupir fe fera entendre : mais tout prince, tout peuple généreux , volera au fecours de la nation écrafée fous un joug de fer , ou livrée à l'anarchie ; il ofera revendiquer les droits de la nature ; il ne fouffrira pas qu'un fouverain violent , ou qu'un peuple révolté , mette en danger les loix de la fûreté publique & particuliere. Les principes politiques , vus en grand , ne fe bornerent pas à des points circonfcrits ; la politique étroite & fourde trompe , & prend tous les caractères de l'infenfibilité ; le grand intérêt de l'humanité , vu dans les fiecles futurs , & dans une immenfe circonférence , éclaire le génie , & ne le trompe pas.

Ces principes font heureufement confacrés dans l'hiftoire de l'Europe par l'exemple de la Suiffe & de la Hollande. Henri IV fit pour les cantons Helvétiques ce qu'Elifabeth avoit fait pour les Provinces-Unies , & ce grand exemple rend les principes que je configne ici plus fenfibles & plus évidens.

Eh ! plût à Dieu que le farouche Philippe II eût été enchaîné par fes voifins ! S'il fe permettoit d'avoir un parti puiffant dans Paris pour mieux déchirer la France , n'auroit-il pas été licite de dérober fes malheureux fujets aux bûchers ardents de l'Inquifition , & de réprimer cette férocité religieufe qui armoit ces innombrables bourreaux , lefquels frappoient immédiatement après fes foldats ? Car les bourreaux alloient de ville en ville à

la

la voix du duc d'Albe, faifant ruiffeler le fang, & ajoutant l'outrage à la cruauté.

Philippe II s'étant fait *généraliffime* du pape, ce fut par ce moyen qu'il parvint à détruire fucceffivement tous les privileges qu'il rencontra & qui pouvoient gêner le defpotifme fi cher à fon ame; il s'inftitua le monarque de l'églife, & hérita dans le fait du redoutable pouvoir des papes. Pie V, d'une naiffance obfcure, correfpondit avec Philippe II, adopta fes projets, les favorifa, & fe montra le perfécuteur le plus acharné à la deftruction des proteftans. Le monarque Efpagnol avoit jugé que le calvinifme étant le culte le plus conforme à la conftitution des états libres, il devoit détruire jufqu'en fes fondemens une réformation qui ne pouvoit s'amalgamer avec la monarchie, où la limite du pouvoir eft équivoque, ou du moins indéterminée.

Le calvinifme (il faut l'avouer) avoit été introduit par des hommes d'une condition obfcure, toujours jaloux d'un luxe qu'ils ne partagent point, toujours ennemis de l'autorité qui pefe plus fur eux que fur les riches. En détruifant le defpotifme de Rome, ils crurent obtenir une entiere indépendance. La catholicité leur parut l'ame active de la tyrannie : leur fortune ne leur permettant pas les plaifirs ou les diftractions de l'opulence, ils furent aigris contre tout ce qui portoit l'empreinte du

C

fafte. Voilà pourquoi on les vit dépouiller les temples de leurs ornemens & ôter à la religion tout fon éclat (1).

Les réformateurs avoient pour objet de faire difparoître tous les rangs dans la fociété. Leur extérieur auftere , leur jargon myftique déplurent aux grands. Rigoriftes outrés , ils regardoient les plus légers divertiffemens comme des crimes , & la moindre tolérance des rites de l'églife romaine comme une abomination puniffable. Les monarques riches & abfolus , environnés , de toutes les forces de la puiffance , devoient donc s'oppofer à ces opinions qui retranchoient à leur autorité ainfi qu'à leurs jouiffances : auffi Philippe II confentoit-il à tout accorder à ceux qu'il appelloit rébelles , excepté la liberté de confcience. *Jamais je ne la leur donnerai* , difoit-il , *quand je devrois expofer ma couronne.* C'eft qu'il regardoit cette liberté de confcience comme la diffolution des principes politiques qu'il avoit adoptés.

Ainfi , quand l'Inquifition exterminoit tout ce qui avoit le malheur de croire que

---

(1) Une dévotion lugubre , un coftume fans dignité , l'abfence de tout objet fenfible , font encore aujourd'hui de ces affemblées de religionnaires une affemblée trifte. Leurs exercices de piété font froids & monotones ; je crains que ce culte trop nu n'éteigne peu à peu le faint defir d'adorer & de prier en commun.

Dieu n'étoit pas du pain, que Dieu n'étoit pas du vin, ce n'étoit pas qu'elle voulût positivement assujettir les hommes à cette croyance, mais c'est qu'elle vouloit que les biens des ecclésiastiques & leurs possessions fussent rigoureusement respectés ; c'est que les mysteres étoient la sauve-garde réelle de leurs abusives propriétés ; l'ambition des prêtres avoit le plus grand intérêt à ce que les mots d'*héréfie* & de *rébellion* fussent confondus.

Elisabeth de son côté ne voyoit dans les François que des ennemis déclarés. La cour de France avoit eu en vûe de faire monter Marie Stuart sur le trône d'Angleterre, & de déclarer Elisabeth bâtarde & usurpatrice. Mezerai dit ouvertement, *qu'il n'étoit point de l'intérêt de la France de laisser prendre à Elisabeth une couronne qui appartenoit à Marie Stuart.*

Les princes Lorrains ayant marié leur niece au Dauphin, depuis roi de France sous le nom de François II, firent jouer à Paris une farce indécente, dont le sujet étoit le *Couronnement d'Elisabeth.* On y traitoit sa mere & elle de comédiennes.

Elisabeth qui regardoit comme perdue une autorité partagée, étoit fort éloignée de donner sa main à Philippe II. Entiere dans ses sentimens, peut-on croire qu'elle eût fait monter sur le trône un prince fils du puissant Charles-Quint ? D'ailleurs, Elisabeth n'auroit pu donner sa main à ce monarque fans une difpenfe de Rome : or c'eût été reconnoître l'autorité du pape. Tout favorifoit donc le calvinifme.

Mais les calviniftes en pillant les biens des eccléfiaftiques, follicitoient trop vivement les anathêmes des prêtres. Ceux-ci, voyant qu'on franchiffoit la barriere des dogmes jufqu'alors refpectés, jugerent que leurs richeffes repofant fur ce fondement immuable, alloient s'écrouler devant les principes rigides des réformateurs ; & la France elle-même feroit devenue entiérement proteftante, fans les excès imprudens auxquels fe livrerent les réformateurs, fi intraitables lors du célébre colloque de Poiffy. Leur inflexibilité anti-politique, & dont les proteftans doivent fort fe repentir aujourd'hui, enleva à leur doctrine la gloire d'envahir tout un royaume. Et quels fuccès n'auroient pas fuivi un fuccès auffi confidérab'e !

Pendant ces débats, la morale étoit enfevelie dans un cahos épouvantable. La théologie fcolaftique, ce monftre à plufieurs têtes, régnoit feul pour tout obfcurcir. Elle dictoit fes maximes irréfragables qui épouvantent & confondent la raifon. Elle brûloit dans ce monde, & étendoit les flammes de l'inquifition jufque dans l'éternité ; aucune lumiere confolante fur les droits de l'homme, tant au civil qu'au politique ; tout étoit marqué, même en hiftoire & en littérature, au coin du génie

fombre de l'école ; tout étoit fubordonné
à un efprit de fureur, d'intolérance & de
jargon théologique, qui s'étoit communi-
qué à tous les partis. Le fanatifme enfin
étoit déchaîné & parcouroit l'Europe, la
tête fous un camail ; la torche à la main,
& les yeux ceints d'un bandeau.

La liberté de penfer, ce premier attribut
de l'homme, n'avoit pas même un nom ;
la fuprématie des papes avoit commencé à
former cette déplorable éclipfe de la raifon humaine. L'ambition & la férocité de
Philippe II épaiffirent encore les ténébres &
tenterent d'ôter à l'homme fes droits im-
prefcriptibles, & avec eux l'oubli de tous
les devoirs, de toutes les vertus & de toutes
les connoiffances.

Tandis que le terrible monarque préten-
dant à l'infaillibilité, à l'exemple du fouverain pontife, méditoit par la force des
armées & par le glaive des bourreaux la
deftruction de tout ce qui portoit le nom
de proteftant, il faifoit affaffiner le prince
d'Orange qu'il n'avoit pu détacher de l'intérêt des Pays-Bas. Déjà la mort d'Egmont
& de Horn avoit été le fignal de celle de
dix-huit feigneurs jugés par une commiffion
particuliere : mais eft-il dans l'hiftoire,
même des empereurs Romains, un monu-
ment plus odieux en tout fens que le décret
de profcription de Philippe II, contre le premier Stathouder de Hollande ? Peut-on tranf-
crire les mots fuivans fans friffonner : *Nous*

promettons en foi & parole de roi & comme ministre de Dieu, que s'il se trouve quelqu'un assez généreux pour délivrer le monde de cette peste, en nous le livrant vif ou mort, ou en lui ôtant la vie, nous lui donnerons vingt mille écus d'or; s'il a commis quelque crime, quel qu'il puisse être, nous le lui remettons; que s'il n'est pas noble, nous l'anoblissons; pardonnons aussi les crimes que les adhérens pourroient avoir commis, & mêmes les anoblissons. Les anoblissons!... Et de son côté, le féroce duc d'Albe disputoit de barbarie avec Philippe II; il se glorifioit tranquillement d'avoir fait périr sur l'échafaud dix-huit mille de ses concitoyens!

Le prince d'Orange, après avoir échappé à deux conspirations, fut la victime d'un fanatique Franc-Comtois qui se crut inspiré. A la nouvelle de sa mort, Philippe II dit: *Le coup auroit dû se faire depuis douze ans; la religion y eût gagné.* Le massacre de la S. Barthelemi, ce carnage inouï dans les fastes de l'univers, occasionna des réjouissances à la cour de Philippe II, tandis qu'il avoit porté le deuil & la consternation dans toutes les cours de l'Europe.

Philippe II ne vouloit asservir la Flandre que pour la dépouiller de ses richesses; mais ces *gueux* (car c'est ainsi qu'on nommoit les Flamands révoltés) jeterent par leur courage les fondemens d'une république devenue florissante; ils firent voir que rien n'est impossible à un peuple qui a fermement décidé d'être libre, ou de se voir anéanti. L'inquisition, qui de près écrasoit les novateurs, accréditoit au loin le luthéranisme ; & la haine qu'on portoit aux évêques, ou plutôt la verge de fer de Philippe II , hâta cette révolution qui étonna l'Europe.

Qu'étoient les Hollandois vers le milieu du seizieme siecle ? Leur subite élévation est peut-être le fait le plus étonnant de l'histoire moderne. Des matelots & des pêcheurs, occupant un petit pays marécageux, luttent contre la mer qui menace de les engloutir, & se défendent contre les meilleurs soldats de l'Europe, que l'Espagne payoit avec l'or du Mexique & du Pérou.

Ils dûrent paroître téméraires en concevant l'espérance de résister à leur redoutable maître qui faisoit marcher contre eux des milices & des bourreaux : mais une invincible persévérance leur tint lieu de forces réelles ; ils résisterent vigoureusement à l'Espagne ; & forcés de ne compter que sur eux-mêmes, à force de cultiver l'Océan par un infatigable commerce, ils enleverent les trésors & les possessions de l'Espagne, qui s'épuisa malgré les mines de l'Amérique.

Eût-on pensé dans l'origine, non seulement que l'Espagne, devenue trop foible contre eux, seroit obligée de reconnoître l'indépendance de cette poignée d'hommes, objets de ses mépris, mais encore que la

Hollande deviendroit ſon appui, & que
cet état, ſorti des marais de l'Océan, ſe
verroit en 1710 maître de diſpoſer à ſon
gré du trône des Eſpagnols ſes anciens tyrans, & de·leur nommer un roi ? (1)

A-t-on jamais vu un peuple croître ſi
rapidement, élever dans l'eſpace d'un ſiecle & demi des villes floriſſantes, lancer
des vaiſſeaux d'un pôle à l'autre, s'établir
dans toutes les parties du monde, ſur-tout
dans l'Aſie Orientale ? (2)

---

(1) Depuis Philippe II juſqu'à Philippe V,
quelle étonnante fortune parmi ce peuple incapable, il y a deux cens cinquante années, de
nourrir ſes habitans ! Il a contracté avec des nations riches, floriſſantes & plus guerrieres que
lui. Il a fallu vaincre mille obſtacles réunis, &
être poſſédé d'un eſprit de ſageſſe, pour parvenir
à figurer ainſi au milieu des puiſſances militaires,
mais cet eſprit de commençe qui fonda leur exiſ-
tence, abſorbant toutes les autres idées, s'eſt
enfin tourné contre eux-mêmes.

(2) Si, au lieu des ſolides avantages du commerce, les Hollandois avoient ambitionné la
gloire des conquêtes, il leur eût été aiſé, par
des armemens maritimes, de faire trembler les
deſpotes de l'Inde, de la Chine & du Japon.
N'ont-ils pas des lieux d'entrepôt & des points
de partance extrêmement favorables à une expédition victorieuſe, comme le Cap, l'iſle de
Java, Malaca, Ceylan, les Moluques, &c. ?
Avec ces ſtations, ſe rafraîchiſſant au Cap de
Bonne-Eſpérance & à Batavia, ils auroient pu

Qu'a-t-il recueilli de tant de cruautés, d'intrigues & de guerres, ce defpote le plus puiffant prince de l'Europe? Il ruina fes états; & après avoir épuifé les mines de l'Amérique, il laiffa *cent quarante millions de ducats* de dettes. Une obftination aveugle le fit tomber dans une fuite de fautes politiques. La Hollande étoit un patrimoine qu'il tenoit de fon pere; il pouvoit y régner tranquillement; il irrita ce peuple; il força, pour ainfi dire, les Flamands à la révolte. Quelle humiliation pour cet orgueilleux monarque! Après avoir formé l'extravagant projet de fubjuguer la France & l'Angleterre, après avoir cru que les refforts de fa politique briferoient la fcience des chefs de la ligue, après avoir fervi les révoltés des nations voifines, entretenu toutes les divifions, il eut la douleur de voir les états de Brabant, de Flandre, de Zélande, de Hollande & de Frife folliciter un joug étranger; il vit *ces gueux*, qui avoient pour attribut ironique *une écuelle de bois*, le braver; il perdit un pays plus riche aujourd'hui que toutes les domina-

porter la guerre aux côtes de l'Afie, depuis Surate jufqu'à Canton, & depuis la Chine jufqu'à Jédos, capitale du Japon; ville que quelques galiotes à bombes écraferoient. Ils ne l'ont pas fait: ils ont été plus fages; ils fe font enrichis avec ces opulentes contrées.

tions Espagnoles. (1) Ainsi les loix violées
ne lui furent pas favorables ; & toutes ces
persécutions pour forcer la conscience de
ses sujets, ne firent que révolter l'instinct
moral qui repousse les violences & les
édits injustes ou vexatoires.

Grand exemple ! Les Etats - Généraux ,
assemblés à la Haye, déclarerent solemnel-
lement Philippe II déchu de la souveraineté pour avoir violé les privileges des peu-

---

(1) Les habitans des Pays-Bas travailloient
depuis long-tems à s'allier avec l'Angleterre ;
mais Elisabeth , toujours prudente , ne se déter-
mina à cette alliance que quand elle vit que les
Provinces-Unies en avoient assez fait pour rejeter
à jamais le joug Espagnol. Ce furent les Espagnols restés dans les Pays-Bas , qui préparerent
tous les maux dont cette contrée fut affligée pendant vingt années. Ce même principe de persécution , qui avoit épuisé l'Espagne d'hommes &
d'argent , qui avoit allumé des bûchers dans
toutes les villes des Pays-Bas, dicta bientôt l'édit
insensé qui ordonnoit sous peine de mort à tous
les Maurisques de sortir de la monarchie dans
trente jours : les Inquisiteurs en avoient donné le
conseil. Ce conseil fit sortir un million d'habitans , les plus utiles par leur industrie & leur
travail. Les attentats du fanatisme paroîtroient
incroyables , si l'histoire ne l'affirmoit pas. Une
autre barbarie plus voisine de notre siecle, siecle
trop célébré par des poëtes, doit nous faire appercevoir que le délire du fanatisme n'est peut-
être pas entiérement éteint , ou du moins qu'il
se reproduit sous mille formes diverses.

ples. L'acte portoit en substance ces maximes : que les peuples ne sont point nés pour les princes, mais que Dieu a établi les princes, pour les peuples ; qu'il ne peut y avoir de prince sans peuples, mais que le peuple peut subsister sans prince ; qu'un tyran rompt les liens de l'obéissance.

Son ambition ne gagna donc rien à troubler l'Europe ; la stérilité & la misere déshonorerent un pays où il fit couler vainement d'énormes richesses pour forcer les sectaires à recevoir le joug de l'église romaine.

Mais, en détestant son despotisme & sa férocité, rendons justice aux talents qu'il possédoit ; il eut la politique habile d'entretenir la paix au-dedans de l'Espagne ; il sut choisir ses ministres, il les forma lui-même. A-t-il besoin de la république de Gênes pour la conservation de son duché de Milan ? il lie ces républicains à ses intérêts par des chaînes d'or ; il ménage des mariages entre la noblesse de Castille, de Catalogne, d'Arragon, de Navarre, de Valence & d'Italie.

On ne peut lui refuser encore la profonde connoissance des hommes. Il avoit le talent d'étudier avec soin le caractere de ses ministres avant de les mettre en œuvre ; son attention étoit infatigable sur ce point, comme le plus intéressant pour un monarque qui ne peut voir tant d'objets que par l'œil d'autrui. Savoir deviner la capacité des hommes qu'on emploie eſt déja un grand mérite : ce tact eſt le premier des talens, ſur-tout dans un prince ; c'eſt par là qu'il ſait régner, qu'il regne véritablement ; il eſt rare qu'il ſe trompe, s'il craint de ſe tromper. Mais comme on connoiſſoit ſon tyrannique entêtement, ſes miniſtres agirent d'après ſes principes, & voulurent lui reſſembler. Cette fermeté inflexible s'accorde rarement avec les affaires politiques : il eut une trop facile complaiſance pour le duc d'Albe qui, ſous un extérieur tranquille, cachoit une ame cruelle. Il la paya des ſepts Provinces-Unies.

L'inſatiable avidité du duc d'Albe ne ſauroit être repréſentée ſous des traits trop vigoureux. Il foula aux pieds toutes les loix, & laiſſa par-tout les traces enſanglantées de ſon funeſte pouvoir.

L'attention & la vigilance caractériſoient le monarque dans certaines parties du gouvernement : il ordonnoit à ſon conſeil de diſcuter en ſa préſence les avantages & les périls d'une entrepriſe. Dans les affaires douteuſes, il prenoit les avis par écrit ; il réfléchiſſoit profondément, & réuniſſoit les partis oppoſés : mais lorſqu'il s'agiſſoit des hérétiques, toutes les loix alors étoient renverſées ; il avoit contre eux une haine dévorante qui fermentoit dans ſon ame. Il fut à leur égard le plus cruel des perſécuteurs.

Cependant il ne reſpectoit pas tellement

les eccléfiaftiques (1) qu'il ne fût les punir quand ceux-ci l'avoient offenfé : il fit pendre leftement *une vingtaine de prédicateurs* de tous ordres, pour avoir prêché en Portugal qu'il avoit ufurpé la couronne ; & il avoit même répondu à Grégoire XIII, qui avoit voulu fe rendre arbitre de ce différend, que fes droits n'étoient foumis qu'à fon épée. Ainfi il étoit peu refpectueux envers les prêtres de fon églife, quand fon orgueil ou fon intérêt y étoit intéreffé : ce qui doit jeter du jour fur cette politique qui retenoit les apparences & les momeries du culte extérieur, pour mieux faifir l'autorité temporelle avec une fouveraine habileté.

Après l'avoir confidéré fur le trône, fa vie privée nous annonce le même caractere d'hypocrifie, de rigueur & de cruauté. Dom Carlos coûta la vie à fa mere qui, le quatrieme jour de fes couches, ne put fe refufer à la cruelle curiofité de voir le fpectacle que donnoit l'Inquifition. Quels aufpices ! Ce terrible fils de Charles Quint

____

(1) L'archevêque de Tolede, en mourant, laiffa pour des legs pieux un million d'écus. Philippe II s'appropria le million, en faifant décider par deux ou trois docteurs fans bénéfices, qu'il étoit, *comme pere des pauvres*, l'héritier de ce prélat. On trouve dans fa vie tant d'actions contradictoires, que le pinceau s'en déconcerte.

étoit né féroce & inacceffible à toute pitié ;
car malgré fon rang (chofe incroyable) il
fe plaifoit à voir expirer des malheureux ,
martyrs de l'Inquifition ; il ne rougiffoit
point d'avouer qu'il ferviroit lui-même de
bourreau , s'il en manquoit. Il fembloit
(je l'écris en frémiffant) oui, il fembloit,
& je copie l'hiftoire, fe repaître de la va-
peur épaiffe qu'exhaloient les cadavres fu-
mans ; & dans ces dégoûtans fpectacles, il
avoit encore des efpions à fes gages, chargés de lire dans les yeux des fpectateurs la
compaffion dont ils pouvoient être atteints ;
ces fatellites déguifés épioient les plaintes &
le mouvement involontaire de la nature ;
fur ces indices , ceux que la pitié avoit tou-
chés trop vivement étoient livrés aux inqui-
fitionnaires.

On ne le vit qu'une fois fous les armes :
ce fut le jour qu'on monta à la breche
lorfque la ville de S. Quentin fut emportée
d'affaut : mais le jour de cette bataille, fa
peur fut fi grande qu'il fit vœu, (1) s'il en
réchappoit, de bâtir un magnifique monaftere dédié à S. Laurent ; il y ajouta une
églife & un palais ; & il voulut que ces
édifices euffent la forme d'un *gril*, parce
que S. Laurent d'après les légendes, avoit
été rôti fur un *gril*. Telle eft l'origine de

____

(1) Il en fit un autre mental de ne fe trouver
déformais à aucune bataille.

l'Efcurial, qui coûta des fommes immenfes.
Mais il perdit le fruit de cette bataille,
dont les avantages auroient pu s'étendre
fi loin, que Charles-Quint, au fond de fa
retraite, inftruit d'une telle victoire, demanda fi fon fils étoit à Paris. (1) Le comte

---

(1) Il prit dans un couvent de moines l'avis
chrétien & bien utile à la France, *qu'il ne falloit pas réduire fes ennemis au défefpoir.* Ce
confeil, puifé dans un cloître, fut fuivi. Les
François fe releverent & prirent Calais, qui depuis 200 ans appartenoit à la Grande-Bretagne.
Il fut auffi clément envers les Italiens. Le duc
d'Albe, dépofitaire de fes forces, vouloit humilier un pontife ambitieux, & Rome étoit en fon
pouvoir. Philippe II lui écrivit, *qu'il aimoit
mieux perdre fon trône que de déplaire au pape.*
Et tandis que le duc d'Albe alloit fe rendre maître
de cette capitale du monde, il fit faire les excufes
du roi d'Efpagne au pape par la bouche même
du vainqueur. Il rendit au faint fiege toutes les
places démentelées ; il accepta des conditions
honteufes. Cette conduite ne pouvoit être que le
fruit de fon éducation. Son gouverneur ôtoit fon
chapeau à trente pas, lorfqu'il voyoit paffer un
homme portant habit eccléfiaftique. Ses inclina-
tions monacales percerent dès l'enfance. Charles-
Quint arrangea fon mariage avec Marie reine
d'Angleterre. Il feroit difficile d'affigner l'utilité
de ce mariage : Philippe par les conditions n'étoit
pas maître d'avoir à fon fervice un Efpagnol.
Mais la paix de Catau-Cambrefis fut glorieufe
pour fes armes & pour fa politique ; elle occa-
fionna dans la fuite l'infortuné mariage de

d'Egmon, à qui il fit depuis trancher la tête, lui fit gagner la bataille de Gravelines, dont il ne fut pas mieux profiter.

Monté fur le trône par l'abdication de Charles-Quint, le premier acte de fa puif-fance fut de rompre une treve que fon pere avoit faite avec les François. Fils ingrat au-tant qu'il fut depuis mauvais pere, époux barbare, maître impitoyable, ami dange-reux, allié infidele, diffimulé, défiant, vindicatif, fa haine contre les proteftans tenoit de la frénéfie.

A l'orgueil il mêloit la vanité; il vouloit

Philippe avec Ifabelle de France. Il chercha les moyens d'époufer Elifabeth qui étoit déjà fur le trône; mais s'il avoit de la pénétration, elle étoit en défaut, s'il efpéra jamais partager le lit & le fceptre d'une femme qui avoit autant de génie. Le rufé Sixte-Quint excitoit Philippe à précipiter fes deffeins contre l'Angleterre; mais quand on approfondit le génie aftucieux de ce pape, on eft tenté de croire que Sixte-Quint s'entendoit avec Elifabeth, & que toutes les offres qu'il faifoit à Philippe II, n'étoient qu'un piege. Il effaya d'ufurper le royaume de Portugal, & de le joindre à fes états; le cardinal Henri n'avoit femblé le poffeder que pour donner à Philippe II le tems de fe préparer à le difputer à l'héritier naturel Dom Antoine. Il avoit con-feillé à Sébaftien, roi de Portugal d'aller fe faire tuer en Afrique; il y périt, & des théologiens armés d'argumens acheverent la conquête.

qu'on

foit qu'on ne lui parlât qu'à genoux, il faifoit trembler jufqu'aux complices de fes cruautés ; & le miniftre le plus fidele à fes vengéances royales, le duc d'Albe, étant un jour entré dans le cabinet de ce prince fans être introduit, effuya ces foudroyantes paroles : *Une hardieffe telle que la vôtre mériteroit la hache.*

Quand il fit périr fur un échafaud les comtes d'Egmont & de Horn, il dit qu'il faifoit tomber ces têtes, parce que *des têtes de faumons valent mieux que plufieurs milliers de grenouilles.*

Les couvens étoient les principaux objets de fes largeffes : en donnant à des moines, il donnoit encore à des concubines : il répandit par-tout pour fes plaifirs l'or & les diamans.

Il ne marchoit jamais fur les tombes, parce qu'au haut de l'épitaphe il y a quelquefois une croix. Mettant fa confcience en repos par ces pieufes momeries, il fit périr plus de cinquante mille proteftans ; & fes guerres, de fon propre aveu, lui coûterent cinq cens foizante-quatre millions de ducats.

Quoiqu'attaché aux dogmes de la religion catholique, il eut de nombreufes maîtreffes. (1) Il vivoit dans l'adultere avec

____

(1) La volupté qui amollit quelquefois le cœur de l'homme, endurcit ordinairement celui des

D

Anne de Mendoza ; il avoit créé le mari de cette femme le ministre de ses plaisirs. Il eut pour rival le malheureux Escovedo. Le monarque jaloux & irrité chargea le dénonciateur d'assassiner de sa main l'accusé.

Il fit aussi décapiter Dom Juan de la Nuse par le vice-roi d'Arragon, & ce ne fut pas pour cause de religion, à ce qu'il paroît. Joseph Andrada fut chargé des entreprises les plus secretes & les plus monstrueuses.

Il mit tout en usage pour cacher, pour dérober à tous les regards ses filles naturelles, en les emprisonnant au fond d'un cloître ; & dans sa profonde hypocrisie, il eut toujours l'art de pallier ses vices. Les bûchers sans cesse allumés auroient dû s'éteindre d'eux-mêmes ; mais il ranimoit les fureurs de l'Inquisition, lorsque celle-ci étoit lasse de répandre le sang.

Ce roi cruel gouverna un peuple au plus beau moment de sa gloire, énivré de ses succès, & dont la fierté s'élevoit au-dessus

---

souverains despotes. La tyrannie ne s'éteint point dans l'habitude des plaisirs ; elle devient plus insensible au sein de la débauche : c'est le feu qui durcit l'argille. Néron s'enfonçoit dans les crimes avec le poison des délices : tout s'aigrit dans un cœur né vicieux ; les empereurs Romains marierent au libertinage le plus effréné les cruautés les plus atroces.

de celle des autres nations. Mais Philippe II
oublia fa force, & embarraffa fes négociations de fubtilités qui lui firent perdre
en intrigues & en mouvemens contradictoires une puiffance réelle & fort étendue.
Cette politique verfatile convient à de petites républiques, à des états bornés ; mais
ceux qui ont du poids, de la grandeur,
doivent renoncer à ces rufes infuffifantes,
& n'employer que la hauteur des idées &
la difcipline militaire pour arriver à leur
but.

La diffimulation, il faut l'avouer, eft
quelquefois néceffaire à un roi : les paffions
font trop vives autour de lui pour qu'il ne
temporife pas avec elles. Mais Philippe II
étoit fourbe plutôt que diffimulé. Il
n'étoit pas né pour la place qu'il occupoit à cette grande époque : il lui auroit
fallu un génie profond : le fien n'étoit que
délié.

Il mit au rang de la fcience du gouvernement l'ufage d'employer des efpions qui
fouilloient dans les intrigues les plus ca-
chées. Un grand roi ne doit point avoir
cette curiofité inquiéte, & ne doit point
s'abaiffer à cette minutieufe vigilance. Les
actions fecretes des hommes ne le regardent pas ; il ne doit faifir que celles qui
tendroient à troubler le repos de l'état.

Un grand événement de fa vie domefti-
que excite encore aujourd'hui la curiofité
du monde. Mezerai, dur mais véridique,

dit positivement : *Il est certain que* **Philippe II** *empoisonna son épouse & la fit périr avec le fruit dont elle étoit grosse.* Mais plusieurs historiens le justifient du crime d'empoisonnement, & assurent qu'Elisabeth mourut du chagrin que lui causa la perte de Dom Carlos. Mais point de doute que Philippe II ne fût coupable d'un parricide. L'histoire tragique de Dom Carlos est donc fondée ; car le roi remit son fils à la haine des inquisiteurs, haine connue & rendue trop publique par d'indécentes déclamations. Or, l'Inquisition & Philippe II ne faisoient qu'un.

Ce monarque qui avoit versé le sang pendant un regne de quarante-quatre années, (1) mourut tranquillement à l'âge de soixante & quatorze ans. Deux jours avant sa mort il voyoit les cieux ouverts. Frappé d'une maladie horrible & longue il fut patient & ferme ; il reçut quatorze fois les derniers sacremens avant d'expirer : sa conscience ne lui reprochoit rien.

Qui prononcera, qui osera prononcer sur la religion de ce prince ? Seroit-il possible

---

(1) L'histoire dit qu'il fit périr par le fer ou le poison plus de cinquante mille hommes ; & il dit aux médecins qui n'osoient le faire saigner : Tirez sans crainte quelques gouttes de sang des veines d'un roi qui en a fait répandre des flots aux hérétiques.

qu'il eût été de bonne foi ? Il me semble que, sous ce point de vue, il n'y avoit plus de remede à sa pieuse frénésie, & qu'on en doit d'autant plus détester ses monstrueux principes, & sa superstitieuse croyance : mais il est plus probable qu'il pensoit pouvoir effacer, par des pratiques de dévotion, les attentats de sa vie publique & privée. Erreur inconcevable, mais trop commune dans ce malheureux siecle, où la morale & la saine politique n'avoient ni regle ni mesure.

Ce fut lui qui fit imprimer à Anvers la belle *Bible polyglote* qui porte son nom. Il donna un décret par lequel il fixoit à quatorze ans la majorité des rois d'Espagne.

Philippe II étoit petit (1). On a eu occa-

_____

(1) Il étoit encore petit au moral comme au physique dans une multitude de choses ; tantôt il abaissoit son orgueil jusqu'à manger au refectoire avec des moines ; tantôt il faisoit sortir de sa présence une femme qui avoit ri en se mouchant. Il n'entroit pas dans un monastere sans baiser toutes les reliques ; il faisoit pétrir son pain avec l'eau d'une fontaine en crédit pour les miracles : il se vantoit de n'avoir jamais dansé, de n'avoir point monté sur une mule, de n'avoir jamais porté de hauts-de-chausses à la grecque ; il interrompoit par modestie les harangues qu'on lui faisoit ; il étoit fort grave dans toutes ses actions ; mais il se livra à des transports extravagans lorsqu'il apprit le massacre de la S. Barthelemi. Il avoit peu de considération pour les poëtes ;

fion de remarquer que les paffions concen-
trées, perfonnelles & violentes, logent de
préférence chez les hommes de petite ftature:
en général ils font plus méchans; les petits êtres ont plus de paffions vicieufes que
les autres.

Cependant les nouvelles opinions agitoient
tous les efprits; la réformation s'étendoit
malgré les bûcher; la France étoit en fufpens; on demandoit de tous côtés un concile national; & Catherine de Médicis elle-
même avoit propofé au pape d'ôter les images
des églifes, d'accorder la communion fous
les deux efpeces, d'abolir la Fête-Dieu, &
de célébrer la meffe en langue vulgaire.

Les plaintes des François éclatoient contre
le concile de Trente; les rieurs difoient,
pour peindre l'influence de la cour de Rome,
qu'*elle envoyoit le Saint-Efprit dans la valife
du courier*. Les ambaffadeurs de France vou-
loient rompre l'afcendant des légats & des
Italiens: mais ceux-ci, avec leur adreffe accoutumée, tournerent les événemens au gré
du pape.

Lainez, général des Jéfuites, foutint que
du pape feul émanoit toute autorité fpirituelle; qu'en lui feul étoit renfermée *toute*

& lorfqu'on lui en demanda la raifon, il fit cette
réponfe fenfée: *C'eft qu'ils ne favent pas fe contenir dans les bornes de la modeftie.* La fortune le
fervit encore mieux que fes talens.

la hiérarchie. Fra-Paolo, dans son histoire du concile, développe le tissu des intrigues, & met au jour les vaines subtilités qui ne se mêlerent que trop aux matieres les plus importantes.

Ce fameux concile, qui auroit dû avoir pour but de couper la racine de tant d'abus excessifs que lui reprochoient les novateurs, ne s'occupoit qu'à faire valoir les immunités ecclésiastiques, telles que les années d'ignorance les avoient produites. Il entassoit une foule de bulles évidemment contraires aux loix civiles, & au bien général de la société.

L'ancien esprit de domination reparut dans toute sa hauteur, & souleva une partie de la nation Françoise, qui depuis a constamment rejeté une pareille discipline. Le concile de Trente taxoit d'héréfie tout discours qui tendoit à infirmer la jurisdiction des ecclésiastiques; à peine les droits de la souveraineté furent ils mis à couvert.

Ce concile fameux ne finit qu'en 1563. Il fut reçu différemment dans plusieurs états. Le Roi d'Espagne montra en public la plus grande soumission; mais, ce qu'il faut saisir aujourd'hui comme un trait précieux, il donna des ordres secrets pour le maintien de l'autorité royale. Le chancelier de l'Hôpital & le parlement s'opposerent vivement à la publication du concile.

Il ne fit que choquer, aigrir les protestans; l'espérance de les ramener s'évanouit;

l'*index* des livres défendus ne fit qu'augmenter la rupture ; les auteurs & les ouvrages
flétris dans cet *index* obtinrent de nombreux
partifans, parce que ce defpotifme violent &
facerdotal révolta tous les efprits éclairés ; &
il y en a dans tous les fiecles.

Pie V avoit fait brûler comme hérétiques
des hommes diftingués par leurs lumieres,
entr'autres le favant *Paléarius*, dont le crime
fut d'avoir appellé la fainte Inquifition un
poignard levé fur les gens de lettres (1). Les
deftinées des favans n'étoient pas tranquilles.
Ramus avoit été affafliné par fes écoliers ;
les autres étoient fugitifs (2) ou pourfuivis

---

(1) Les fuccefleurs de Paléarius l'ont bien
vengé ; car les gens de lettres ne pardonnent pas
à la perfécution qui attente à leur liberté. De
fiecle en fiecle ils font entendre leur cri, qui fe
propage jufqu'à ce que l'oppreffeur foit entiérement diffamé dans les races futures.

(2) Parmi eux on diftingue Faufte Socin. Ega-
lement éloigné des catholiques & des proteftans
qui ne s'entendoient pas, il voulut réconcilier
les partis oppofés. Il s'attacha à la morale divine
de l'Evangile, qui recommande la paix, la charité. Il honora Jefus-Chrift comme un fage doué
d'une vertu furnaturelle, que Dieu avoit rendu
l'organe immédiat des préceptes les plus faits
pour conduire les hommes dans le chemin de
leurs devoirs, & dans la pratique des vertus.
Cette doctrine qui ne bleffoit point la raifon humaine, qui tranchoit les difputes théologiques,
révolta les catholiques & les proteftans, jaloux

par les perſécuteurs obſtinés des conſciences,
& chacun diſoit venger la cauſe de Dieu.

Lorſqu'on ſonge que des événemens auſſi
extraordinaires ſont pour ainſi dire récens,
on a droit de s'étonner de ce qui s'eſt paſſé.
Que ne doit-on pas aujourd'hui à cet eſprit
philoſophique qui a démontré le néant &
la honte de ces débats violens & inſenſés
qu'occaſionnoit alors le culte ?

Que l'étude de l'hiſtoire nous ſerve donc
à apprécier les avantages du tems préſent ;
qu'elle nous guériſſe ſur-tout d'une erreur
dangereuſe, de celle qui voudroit nous per-
ſuader que l'époque où nous vivons eſt un
ſiecle dégradé ou dégénéré. Rien de plus
faux. Qui de nous regretteroit de n'avoir pas
vécu dans le ſeizieme ſiecle, au milieu de
tant d'orages ſanglans, ſous la domination
de ces monarques foibles, féroces, ou ſuperſtitieux ? Le joug eccléſiaſtique peſoit
alors de toutes parts, & forçoit les caracteres
à l'hypocriſie.

Les rois qui occupent aujourd'hui les trô-

---

de dogmatiſer, & qui ſubſtituoient l'orgueil des
argumens à la charité évangélique. Fauſte Socin,
qui avec ſes idées philoſophiques n'eût pas
échappé aux bûchers de l'Inquiſition, ne crai-
gnant pas moins les apôtres de Geneve, alla fon-
der ſa ſecte en Pologne & en Tranſylvanie ; proſ-
crite depuis, elle a jeté ſes racines en Hollande
& en Angleterre. Ce paiſible réformateur, dont
le nom ne périra point, mourut en 1604.

nes de l'Europe, ont une fageffe, une modération, une humanité, qui éclairent
leur ambition, & tempere leur pouvoir.
Les crimes & les petiteffes des ames lâches
& fuperftitieufes leur font étrangers ; leur
orgueil frappant un but plus noble, ne tient
plus au defpotifme ; ils aiment la gloire,
& font devenus fenfibles au jugement des
efprits éclairés qui fe correfpondent d'un
bout de l'Europe à l'autre. Les adminiftra-
teurs des états enfin font à la hauteur des
idées régnantes : ces idées faines affurent tout-
à-la-fois leur repos & celui des peuples ; on
les paie en amour, en refpect, en hommage.
L'efprit de philofophie, univerfellement répandu, les engage à être plus philofophes
que ne le furent leurs prédéceffeurs. Quel-
ques-uns ont connu la généreufe & fublime
paffion d'appliquer leur puiffance à la réforme des plus anciens abus. La partie qui
gouverne enfin, communique aujourd'hui,
par la voix toujours puiffante de la raifon,
avec la partie qui obéit. Les édits nouveaux
parlent à des hommes ; tout s'améliore d'une
maniere fenfible, puifque l'homme dans toutes les conditions eft refpecté plus que jamais.
Des principes de bienveillance diftinguent
toutes les loix nouvelles ; les jouiffances du
luxe ne dérobent rien à une raifon généreufe.
Tout eft juftement apprécié dans le fein des
plaifirs ; & la foule des arts enchanteurs a
ôté à l'orgueil des grands ce qu'il avoit de
dur & de farouche. Les fouverains en font

plus heureux, & nous aussi ; bénissons donc le tems où nous vivons, en comparaison de plusieurs siecles, & sur-tout en voyant dans l'histoire à quels hommes jadis les hommes furent soumis.

On a choisi les formes dramatiques, dont on a fait une étude particuliere pour mieux peindre la physionomie d'un méchant prince ; on y a fait entrer l'histoire d'Elisabeth & de Dom Carlos, si connue & si touchante : on a cru que ces formes, qui admettent le dialogue, donneroient plus de vie à des personnages, dont on vouloit représenter le caractere en peu de mots.

Ce seroit introduire une sorte de despotisme dans la république des lettres, que de vouloir interdire à un auteur la liberté de se servir de la forme dramatique, sans destiner son ouvrage au théatre.

Avant moi, le président Hénault avoit su employer ce nouveau genre de drame qui n'est inventé que pour être lu. Ce genre convient aux tragédies nationales, ou à celles qui sont faites pour embrasser un sujet vaste, politique ou intéressant ; elles occupent dans la retraite & le silence du cabinet des lecteurs intelligens & judicieux, & ne sont point destinées à un parterre trop mobile, trop frivole pour le sérieux des affaires publiques.

Dans un drame ordinaire, dont l'action

ne ſe rapporte qu'à un perſonnage particulier, on n'a qu'à faire jouer des reſſorts uniformes. On n'a beſoin que de s'aſſujettir au goût & aux caprices du parterre. Des événemens communs ou groteſques ſont ſuffiſans pour intéreſſer les ſpectateurs.

Dans le drame politique, l'action s'appuie ſur la vérité hiſtorique, ſans être amenée par une fiction forcée. L'action porte ſur des caracteres qui ont joué un grand rôle : le ton politique qui domine dans ces drames, n'exclut pourtant pas le ton pathétique ; le héros de la piece peut exciter l'émotion la plus vive ; car il eſt poſſible qu'il ſe trouve dans la ſituation la plus touchante (1). Seulement les grands intérêts de ces pieces qui regardent ordinairement la conſervation ou la ruine d'un état, le maintien des loix & des mœurs, abſorbent les contraſtes qui regnent dans les autres pieces. Les caracteres ſont du moins inſtruct.fs, s'ils n'ont pas le droit de faire verſer des larmes.

Il n'y auroit donc rien de plus injuſte que de juger de ces drames politiques, d'après les regles faites pour plaire au parterre de Paris ; regles qui ne ſont fondées que ſur l'humeur & le caprice. Dès qu'on perd de

---

(1) Ainſi j'ai placé le perſonnage de Dom Carlos d'après tout ce qu'on a écrit ſur ce ſujet, ainſi que la mort précipitée d'Eliſabeth, que les hiſtoriens repréſentent ſous des couleurs déciſives.

vûe le but que l'auteur s'eft propofé, l'on ne fait que s'égarer avec l'obfcur Ariftote, & fes inutiles commentateurs.

L'auteur d'un drame politique écrit pour des lecteurs du goût le plus naturel, & des mœurs les plus fimples : il ne trace point fes tableaux majeftueux pour l'étroite enceinte du théatre François ou Italien ; il élargit la fcène, & fe compofe un parterre formé d'hommes nés pour apprécier les poëtes qui peignent les affaires publiques & les intérêts nationaux.

Ce théatre dédaigné de la multitude, au-deffus des comédiens modernes, dont les reffources font trop foibles pour ces fortes de repréfentations, s'unira, j'ofe le croire, au théatre des Grecs, à celui de Shakefpeare, le grand-maître, le grand peintre en ce genre. Il aura eu le même but, il bravera les dif-cours oifeux de ces prétendus hommes de goût, qui, differtant toujours, & ne pro-duifant rien, combattent inceffamment ce qu'ils font incapables de faire. Il pourra du moins fervir de leçons aux jeunes princes, parce qu'ils verront fans un pénible effort, & dans l'efpace de quelques heures, ce qu'ils n'apperçoivent qu'imparfaitement dans les grandes hiftoires, à caufe de l'étendue & de la difproportion des objets. Rappro-chés fous un même point de vue, ils liront mieux l'efprit d'un regne que dans la pro-lixité de ces froids hiftoriens, qui, en dé-layant leur matiere, lui ôtent tout l'intérêt dont elle eft fufceptible.

PHILIPPE II, *Roi d'Espagne, fils de Charles-Quint.*

ELISABETH *de France, fille de Henri II, Roi de France, sœur de Charles IX, & seconde femme de Philippe II.*

DOM CARLOS, *fils de Philippe II, & de sa premiere femme, Marie de Portugal.*

GRANVELLE, *cardinal, ministre.*

Dom RUY-GOMEZ DE SYLVA, *prince d'Eboly, ministre & capitaine des Gardes de Philippe II.*

SPINOLA, *cardinal, grand-inquisiteur d'Espagne.*

Le Marquis DE LA POSA, *ami de Dom Carlos.*

OSORIO, *confident de Dom Carlos.*

Le Comte DE LERIA.

Le Duc de FERIA.

Dom DIEGUE DE CORDOUE.

Le Comte DE LERME.

(63)

La Duchesse D'ALBE, } dames d'honneur.
La Princesse D'EBOLY, } de la Reine.
HONORINE, attachée à la Reine.

————————

La Comtesse D'EGMONT, & ses onze
enfans.

————————

Le Baron DE MONTIGNY, envoyé des
Etats de Flandres.

————————

LE NONCE.
LE LÉGAT.
Le Pere MONTALTE, depuis Sixte V.
Le Pere GORY.
30 CORDELIERS.
 6 BÉNÉDICTINS.
 3 AUGUSTINS.
 3 CARMES.
 5 ECCLÉSIASTIQUES SÉCULIERS.

————————

JUGES DE L'INQUISITION.
GARDES DE L'INQUISITION.

————————

Le Pere HYACINTHE, religieux du couvent de S. Just en Andalousie.

————————

Menins de Dom Carlos.

BEAL,
BURTON, } *Anglois.*

TIMERMAN, *Jacobin.*
SAUREGUY, *fanatique envoyé pour assaf-
siner le prince d'Orange.*

Le Confesseur du Roi.
Des Casuistes.

Des Médecins.

Procession de l'Inquisition.
Les Condamnés de l'Inquisition.
CARALLA, *évêque, l'un des condamnés.*
Un Vieillard *condamné.*
Un jeune Homme *condamné.*
Une Jeune Fille *condamnée.*
Des Confesseurs *exhortant les condamnés.*

Officiers et Gardes *de la suite du Roi.*

PHILIPPE

PHILIPPE II,
ROI D'ESPAGNE.

SCENE PREMIERE.

La scene est au monastere Saint-Just dans l'Andalousie. Le théâtre représente une partie de la forêt dépendante du couvent. Dans l'enfoncement, à un point de vue très-éloigné, l'on distingue à travers des arbres l'église & la maison des religieux, ainsi que de riches côteaux qui bordent les rives du Guadalquivir.

HYACINTHE, DOM CARLOS.

Hyacinthe, *assis sur un tronc d'arbre renversé, tenant un livre ouvert.*

Paisible solitude, où Charles-Quint, fatigué de l'empire, réfugia son ame troublée ; profonde retraite, ton silence est interrompu de nouveau par son fils.... Je viens de voir Philippe visiter avec pompe le tombeau de son pere..... Juste Ciel, comme son hypocrisie perce lorsqu'il leve les yeux vers toi !... Voilà donc ce nouveau maître de tant de provinces...... Pauvres royaumes ! peuples infortunés & gémissans, puissiez-vous éviter les guerres & les persécutions que vont élever les sourds projets de cet autre souverain !.... J'ai vu les ministres avides qui l'environnent.... Le cardinal au teint jaune. ... Le chancelier complaisant... Cette légion de prêtres... Cette foule rampante de vils courtisans... Quelle cour !... Quoi, ne pourra-t-il donc se placer sur le trône un roi véritablement homme, un monarque instruit, qui chérisse la paix & la concorde, qui fasse aimer la simplicité des mœurs, qui soit l'ami de la vertité, qui apprenne à respecter le sang & la liberté des hommes!... Oh ! s'il s'en trouvoit un, il n'enverroit sûrement pas, comme Philippe, des soldats dans la Flandre pour forcer les consciences. C'est en faisant le contraire, qu'un tel roi pourroit s'immortaliser. Que j'aimerois à voir un souverain, armé du glaive de la justice, réunir les esprits par le lien de la vérité & de la paix ! Avec quelle joie je rentrerois dans la société, dont un moment d'erreur m'a éloigné pour toujours !... Mais, je le prévois, Philippe ! ton regne va reculer d'un siecle cette époque si désirable..... Souverain Maître des rois ! tes voies sont incompréhensibles ; ne murmurons point des événemens, & ne portons pas nos craintes dans l'avenir que tu diriges.

(Hyacinthe, appercevant Dom Carlos, ferme son livre, se leve, & veut se retirer. Celui-ci va au-devant de lui & l'arrête.)

DOM CARLOS.

C'est vous que je cherche, pere Hyacinthe.... Ce lieu solitaire est favorable pour se parler sans témoins... Demeurez... Dom Carlos veut s'entretenir avec vous.

HYACINTHE.

Avec moi, prince !... Et que pouvez-vous demander d'un pauvre solitaire ?

DOM CARLOS.

Je vous connois. Nous sommes seuls ; qu'aucune contrainte ne vous retienne.... Vous êtes instruit de choses qui m'intéressent ; il faut me les révéler.

HYACINTHE.

Prince, je ne sais rien.... je ne me mêle de rien.... Entiérement livré au silence & à la retraite, j'oublie la cour & le monde, & n'ai plus affaire qu'avec Dieu.

DOM CARLOS.

Comme la terreur a glacé ses esprits !.. Que suis-je donc à tous les yeux ? Une idole qu'on encense & qui fait peur....

Les uns me flattent les autres me fuient...
ne puis-je trouver un feul homme qui me
parle le langage de la vérité ?

HYACINTHE.

Le langage de la vérité !.... Prince,
n'exigez rien de moi, & ne troublez pas
la vie paifible du dernier de vos fujets...
Je ne puis rien pour le bonheur des grands :
mon repos innocent ne nuit à perfonne...
Votre augufte rang met entre nous deux
trop de diftance , & je dois m'éloigner.

DOM CARLOS *le retient.*

Non.... reftez... je le veux.

HYACINTHE.

Mon prince !

DOM CARLOS.

Que mon titre ne t'effraie pas.... Profite , refpectable religieux, de ce moment
pour m'éclairer & m'inftruire.... L'héritier du trône peut devenir ton ami.

HYACINTHE.

Dom Carlos , gardez cette faveur pour
d'autres.... Il n'en eft malheureufement
que trop qui l'ambitionnent.

DOM CARLOS.

Eh bien donc, va... fauve loin de moi
ton exiftence inutile. Laiffe échapper l'oc-

cafion d'inftruire le fils des rois qui veut
t'entendre... Le fort de tes concitoyens
ne peut t'attendrir... Ton repos te paroît
préférable à celui de tout un peuple....
J'ai fu que Charles-Quint, mon aïeul,
retiré dans ce monaftere, t'avoit honoré de
fa confiance... J'ai cru que tu étois digne
de la mienne... Je me fuis donc trompé.

HYACINTHE.

Pardonnez, prince... L'empereur n'étoit
plus alors qu'un homme pénitent, humilié
devant l'Eternel, dans l'attente de la mort...
Je n'ai point cherché fa préfence; au contraire, je l'évitois: car ceux qui fur la terre
fe font laiffé éblouir par l'éclat menfonger
du trône & des grandeurs, font peu faits
pour la retraite... Il nous tourmentoit tous,
& penfoit encore être le plus tranquille
d'entre nous.

DOM CARLOS.

On me l'a dit. Comment vous diftingua-
t-il au point de s'ouvrir à vous?

HYACINTHE.

Voici comme nous nous fommes connus... Une nuit que j'étois endormi, rêvant
à la vie tumultueufe de ce héros, dont
les débats agitoient encore la terre.....
Je m'entends appeller.... Hyacinthe! frere
Hyacinthe, levez-vous! le coup des matines

E 3

eſt ſonné... J'ouvre les yeux... j'apperçois
votre illuſtre aïeul... *Eh!* lui dis-je dans
le premier mouvement d'humeur , *n'eſt-ce
pas aſſez d'avoir ſi long-temps troublé le
monde , ſans venir encore interrompre le
repos de ceux qui en ſont ſéparés?*.... Il
s'arrête , me regarde en ſilence , ſourit &
me tend la main..... *Vous n'êtes pas flat-
teur* , me dit-il ; *je veux être votre ami*....
Et c'eſt ainſi qu'il le devint malgré moi....
Vous ſavez , Prince , le traitement que
viennent d'éprouver les prélats qui mérite-
rent ſa confiance , qui l'aſſiſterent en ſes
derniers momens. L'archevêque de Tolede
eſt empriſonné ſous prétexte d'héréſie.....
Je n'échappe qu'à la faveur de mon obſcu-
rité. Que n'ai-je pas à craindre , ſi je donne
lieu au moindre ſoupçon!.... Et ne peut-
on pas déjà me faire un crime de me trouver
ici ſeul avec vous ?

DOM CARLOS.

Vertueux ſolitaire , votre prince n'eſt pas
ici pour vous perdre ni vous abandonner...
Raſſurez-vous ; je ne vous expoſerai pas
long-tems... Tandis que mon pere vient
en ces lieux honorer la froide pouſſiere de
Charles-Quint , moi , je ne m'intéreſſe
qu'à connoître quelle fut ſon ame. Je brûle
du deſir de recueillir ſes dernieres penſées.
Il en dépoſa ſans doute une partie dans
votre ſein. Peut-être vous aura-t-il quelquefois parlé de moi....

HYACINTHE.

Vous me rappellez qu'un jour, en cette place même, ſes yeux ſe mouillerent en prononçant votre nom. Il a ſouvent gémi de ne pouvoir veiller à votre éducation... Son unique deſir étoit qu'elle lui fût confiée.

DOM CARLOS.

Et comment le roi ne s'eſt-il pas empreſſé de le ſatisfaire?

HYACINTHE.

Du moment que Charles-Quint abdiqua la couronne en faveur de Philippe, & qu'il ſe fut lui-même confiné dans cette ſolitude, il perdit ſon autorité paternelle avec le ſceptre qu'il avoit abandonné. Son fils ne l'écouta plus, rejeta ſes demandes comme ſes conſeils, & tout fut négligé, même juſqu'à ſa penſion. ... Vous voyez ſi après ſa mort ſes volontés dernieres ſont reſpectées... L'appareil de la pompe la plus faſtueuſe brille de toute part en ſon honneur... Mais ici l'Inquiſition attaque ſon teſtament, en dérobe à tous les yeux les articles importans, & les écrits que ſon cœur lui dicta pour votre inſtruction, demeurent enſevelis dans l'oubli.

DOM CARLOS.

Ne croyez pas que j'endure long-temps l'affront que des prêtres audacieux oſent faire aux manes de l'empereur... Je ne veux pas non plus laisser sous leur opression ceux qu'il a chéris... J'entrevois les complots ténébreux des nouveaux ministres, ennemis du bien public. N'en doutez point, je m'opposerai fortement à leur tyrannie... Je vous en fais l'aveu, respectable religieux ; parlez-moi sans crainte... Faites-moi connoître les sentiments de mon aïeul... Ses remords furent-ils sinceres ? Est-il bien vrai qu'il s'est repenti d'avoir été persécuteur ?

HYACINTHE.

Il est vrai que l'image de ceux qu'il avoit tourmentés sous prétexe de réligion, étoit sans cesse présente à ses yeux... Il conjura plus d'une fois son fils d'abolir ses édits barbares... Il gémissoit souvent d'avoir prêté son pouvoir à l'église... Rome m'a trompé, disoit-il ; je me suis laissé séduire & par elle & par ma jeunesse... L'ambition de la cour impériale m'a rendu le complice de cette cour insidieuse. Ces vanités, ces triomphes se sont évanouis... Il ne me reste que des regrets, & la mort s'approche... O mon fils ! comment réparer tout le mal que j'ai fait ?... J'ai cru maîtriser les papes, & ce sont eux qui m'ont joué... Tandis que je finis ma triste carriere dans la retraite & la pénitence, un prêtre, couronné de la tiare, brouille les puissances & fait la guerre à mon fils... Tels étoient, Dom Carlos ,

les discours & les plaintes de votre aïeul...
C'étoit contre le pontife de Rome, c'étoit
contre Paul IV, qu'il s'exprimoit ainsi....

D o m C a r l o s.

Pourquoi Charles - Quint, reconnoissant
les erreurs de son regne, s'est-il défait d'un
pouvoir qui le mettoit en état de réparer
tous ses torts? Devoit-il abandonner à des
mains incertaines la tranquillité future de
tant de peuples, au moment qu'il alloit devenir le plus en état de les gouverner &
de les rendre heureux ?...

H y a c i n t h e.

Il fut, pour ainsi dire, forcé d'abdiquer
la couronne & l'empire.... Accablé par les
douleurs de la goutte, troublé par sa conscience, découragé par le revers de ses armes... Le caractere de son fils acheva de
le décider.... Il découvrit dans Philippe
une secrete impatience de régner, qui pouvoit produire de funestes effets ; il céda
par prudence.... Tout le parti de l'église
s'étoit déjà adroitement emparé du nouveau roi.... Ah! si votre infortuné aïeul
n'eût pas déchu de sa premiere vigueur ;
si dans les dernieres années de son regne
il n'eût pas été si fortement humilié par
ses ennemis, il eût certainement opéré ces
réparations qu'il n'a pu recommander que
d'une voix impuissante....,

DOM CARLOS.

Acheve ; ne me déguise rien.... Mon aïeul, je le sais, penchoit secrétement pour la réforme... Il a étudié dans sa retraite les moyens de pacifier les chrétiens divisés... Confie-moi le fruit de ses recherches, afin que je puisse un jour les mettre à profit & les faire exécuter... Qu'aucune crainte ne te retienne, cher Hyacinthe. J'ai à cœur la destruction de tant d'abus, & rien ne m'afflige davantage que de voir la race humaine ainsi trompée...

HYACINTHE.

S'il en est ainsi, prince, je vais vous parler sans détour.... Le ciel avoit doué votre aïeul d'assez de génie pour être utile au monde & à ses sujets, s'il eut profité de l'instant passager de sa grandeur. ... Mais lorsque l'âge & la douleur eurent affoibli ses esprits déjà usés par les travaux d'une vie guerriere & ambitieuse, lorsqu'il voulut apprendre dans cette retraite à se dégager des dogmes dont il s'étoit montré le plus zélé défenseur, il frémit, & craignit plus d'une fois d'aggraver ses crimes... Son ame, trop foible & trop coupable, incapable de prendre un ferme parti, ne put s'elever au but qu'elle sembloit vouloir atteindre... Dom Carlos, il faut avoir l'ame forte pour triompher des préjugés dont l'enfance est imbue, & ne pas attendre, pour les secouer, la froide vieillesse qui est une seconde enfance... Charles, tourmenté par le remords, effrayé à l'approche de la mort balança dans ses derniers momens entre Rome & Luther, penchant vers l'un sans abjurer l'autre... Tel est l'affaissement de l'ame au moment où notre corps, oppressé par le mal qui le détruit, succombe... Vingt fois l'empereur, conversant avec moi, m'à montré des doutes sur les dogmes qui causent ces malheureuses querelles de religion. Il paroissoit même franchir d'autres bornes plus éloignées : mais les douleurs aiguës qu'il souffroit varioient ses pensées & le replongeoient dans ces mêmes foiblesses qu'il rejetoit lorsqu'il ne souffroit point... Que puis-je donc vous dire d'assuré ? Quels fruits pourrez-vous tirer d'un exemple incertain ?... Mais qu'en avez-vous besoin à votre âge, & dans la place où il a plu à la divine Providence de vous placer ? ... Tâchez de tout voir par vous-même : fondez votre raison ; si elle est ferme, elle pourra tout approfondir... C'est l'univers entier, & non un seul homme, un seul pays, qu'il faut consulter... Que l'exemple de tous les grands hommes vous servent de leçon... Recherchez celui que l'on persécute ailleurs ; interrogez-le, & ne le condamnez pas sans l'avoir auparavant bien écouté... Que le nom d'hérétique ne vous effraie point... Prenez connoissance de tous les écrits qu'une fausse politique & une religion sainte dans son

origine prohibent aveuglément... Lifez-les ;
& quoiqu'on les repréfente comme dangereux aux peuples, prince, vous pouvez y
trouver d'utiles leçons... Ceux même qui
vous déchireront ne doivent pas tout-à-fait
vous déplaire ; ils peuvent quelquefois vous
fervir de contrepoifon contre la flatterie...
Il y a toujours quelques bonnes leçons à
en tirer, & la vie d'un bon prince doit
être fon unique vengeance contre ceux qui
l'ont calomnié. Les viles productions de
ces infames libelliftes feront en horreur ; &
les bénédictions d'un peuple que vous au-
rez rendu heureux, les replongeront dans
la pouffiere d'où elles étoient forties.....
Mais... quelqu'un s'approche.... Permettez
que je me retire.

DOM CARLOS.

Allez..... Je fongerai à vous ; foyez
tranquille....

SCENE II.

DOM CARLOS, ELISABETH.

DOM CARLOS, *après un moment de silence, & tandis qu'Elisabeth, couverte d'un voile, s'avance à pas lents sur le côté opposé du théatre.*

QUELLE est cette femme qui seule s'avance ici? Elle marche la tête penchée, & paroît plongée dans l'oubli de tout ce qui l'environne...

ELISABETH, *sans appercevoir Dom Carlos.*

Dom Carlos, infortuné Dom Carlos!...

DOM CARLOS, *reconnoissant Elisabeth.*

Elisabeth !...

ELISABETH, *relevant son voile.*

Ciel!... où suis-je! Vous, prince, en ces lieux!... (*à part.*) Comme je me suis écartée de ma suite!... Retournons.

DOM CARLOS.

Non... Restez un moment... Quoi, je ne puis vous parler?.... Qui vous presse de rentrer si vîte dans la foule importune?... Craignez-vous de me rendre trop heureux en prolongeant le doux inſtant, l'inſtant ſi rare, d'être ſeul avec vous ?

ÉLISABETH.

Il eſt trop dangereux de nous trouver enſemble..... Vous le ſavez, prince.... On peut nous voir.

DOM CARLOS.

Faut-il ainſi paſſer la vie !... Quel affreux tourment !......Mais, madame, qu'avez-vous donc tant à redouter ?

ÉLISABETH.

Nous-mêmes.... C'eſt vous en dire aſſez. Je le vois avec douleur, vous oubliez qui je ſuis devenue.... Vous nourriſſez contre tout eſpoir, une paſſion qui vous rend criminel, & me force à rougir.

DOM CARLOS.

Ah ! du moins ne m'outragez pas... Une paſſion criminelle !......Eſt-ce donc ainſi qu'il faut appeller le plus pur, le plus légitime amour qui brûla jamais dans un cœur innocent ?..... Ne nous avoit-on pas deſtinés l'un à l'autre ?..... Les deux rois nos peres ne nous ont-ils pas eux-mêmes encouragés à nous aimer ?...... Eliſabeth étoit l'ange de paix envoyé du ſein de la France pour apporter la joie en Eſpagne, & faire le bonheur de ma vie. Etoit-ce pour mieux dé-

chirer mon ame que mon pere me fit entrevoir une pareille félicité ? Et c'eſt moi qui
ſerois criminel, lorſque ſans pudeur il prend
pour lui l'épouſe qui m'étoit deſtinée, lorſque je me vois ravir le ſeul bien où j'aſpi-
rois ſur la terre !.... Où eſt le crime, de
ne pouvoir effacer de mon cœur l'empreinte
d'un trait ſi profond !.... Le vo'can a beau
ſe concentrer dans les entrailles de la terre,
ſes feux n'en ravagent pas moins la ſurface...
Mon cœur eſt conſumé par la flamme qui
le dévore. Je meurs dans le ſilence, & je
ſerois criminel !.... Soyez juſte, Eliſabeth ;
n'exigez pas des efforts impoſſibles. C'eſt
aſſez de l'inſupportable contrainte que je
garde en public. Que je puiſſe au moins une
fois en adoucir le fardeau, avant que d'être
délivré d'une vie malheureuſe !

É L I S A B E T H.

Cher Dom Carlos, modérez des tranſports auſſi dangereux : ils ne peuvent qu'ajouter à nos maux. La plus belle vertu d'un
héros eſt de ſe vaincre ſoi-même. Soyez
maître de votre cœur, & domptez ce
fatal amour.

D o m C a r l o s.

Qui pourra jamais égaler ma retenue ?...
En faire plus eſt au-deſſus d'un mortel.....
Deux ans ſont écoulés ; que dis-je ! deux
ſiecles de tourmens.... N'ai-je pas toujours
reſpecté votre repos aux dépens du mien ?

Lorsque j'allois au-devant de vous, en ce moment terrible où je vous vis pour la premiere fois, n'ai-je pas toujours gardé une apparence tranquille ? N'ai-je pas dévoré mes soupirs sans laisser échapper un seul mot indiscret ?.... Je m'écriois, dans l'agitation de mon ame éperdue : Voilà celle que le ciel a créée pour être mon épouse, pour partager mon existence : courons, volons au-devant d'elle.... Grand Dieu, tu permis qu'elle me fût enlevée, & que, destinée par l'amour & les traités à être ma moitié, elle passât en d'autres bras que les miens... Oh ! si mon rival n'eût été que mon roi !... Mais c'étoit mon pere !.... Témoin respectueux de son bonheur, lorsque son hymen fut annoncé à la nation, je fus le premier à l'en féliciter. Ai-je montré quelque foiblesse au milieu de l'alégresse publique ? J'étouffois ma douleur, & ces larmes d'une joie apparente n'étoient que celles du désespoir.

ÉLISABETH.

Prince, il faut nous séparer : l'éloignement est le seul remede à d'aussi grands maux... Votre état est affreux, je le sens ; mais... n'attendez pas que je vous parle jamais du mien. Ce n'est que par une longue absence que vous pouvez éteindre cette passion malheureuse. Le tems & l'absence vous rendront la tranquillité : tâchez d'obtenir du roi la permission de vous éloigner de la cour.

DOM

D o m C a r l o s.

Ce remede extrême n'a pas dépendu de
moi : j'ai tout fait pour l'obtenir..... J'ai
supplié long-tems ; j'ai demandé dans cette
vue à mon pere le gouvernement de la Flandre.... Je me flattois d'être envoyé pour
appaifer les troubles qui agitent les Pays-
Bas : mais le féroce duc d'Albe m'a été préféré ; & cet affront , joint aux malheurs qui
pourront en être la fuite , eft toujours
vivant dans mon cœur ulcéré.

É l i s a b e t h.

Seigneur, ne vous découragez pas.....
Les refus d'un pere ne font point un outrage.... Il peut d'un jour à l'autre céder à
vos inftances .... récidivez-les. Et de mon
côté je mettrai tout en ufage pour le faire
confentir à feconder vos vœux. J'ofe me
flatter d'y réuffir : gardez-vous fur-tout d'un
abattement funefte.

D o m C a r l o s.

Ainfi donc mon unique bonheur dépend
de mon éloignement.... Je le fens.... c'eft
le feul parti qui me refte à prendre dans
une fituation auffi terrible que défefpérée.
Cependant, ô ma princeffe ! vous avouerai-je
l'horreur fecrete qui me faifit lorfque j'en-
vifage mon fort à venir ? Ce que je fouffre

F

chaque jour en vous voyant le partage d'un autre, mon cœur le fait ; mais ce que je souffrirai lorsque je ne vous verrai plus, je l'ignore, & le redoute en même tems.

ÉLISABETH.

Loin de moi votre vertu vous soutiendra ; un feu plus noble & plus pur brûlera au fond de votre ame. Songez, prince, aux devoirs sacrés qu'exige votre rang, aux grandes actions qui doivent établir votre renommée. Ce n'est pas à soupirer qu'un prince destiné à porter la couronne doit passer l'instant le plus précieux de sa vie ; héritier d'un pouvoir, dont quelques parties peuvent déjà vous être confiées, appliquez-vous à en connoître l'usage. Voyez les yeux de plusieurs millions d'hommes fixés sur vous, dans l'attente d'un protecteur ou d'un tyran : laissez-leur entrevoir l'aurore des beaux jours que vous ferez naître ; que vos peines, vos chagrins vous apprennent à compatir à ceux d'autrui ; l'infortune devient ainsi un remede contre le désespoir. Les peuples malheureux gémissent sous le poids de l'oppression ; agissons de concert pour adoucir la rigueur de ses coups ; c'est en remplissant cette noble tâche qu'en dépit du sort nos ames peuvent encore être unies, & se consoler mutuellement. Que la renommée de nos vertus adoucisse la rigueur de notre séparation ; faisons-nous chérir & respecter, vous en Flandres, & moi auprès du trone. Quand j'entendrai

les bénédictions que le peuple donnera à vos
bienfaits, je verserai des larmes de joie ; &
chaque fois qu'une bonne action sera la récompense de mes efforts, votre cœur atten-
dri dira : c'est Elisabeth qui l'a faite.... Cher
Dom Carlos ! le mien ne demande qu'à
s'occuper de vos vertus.... Plus votre courage surmontera votre malheur, plus vous
obtiendrez l'amour de ceux que vous devez
gouverner, & plus je serai heureuse... Que
vous restera-t-il donc à desirer ?

D O M C A R L O S.

Ame céleste ! vous me pénétrez de vos
sentimens sublimes..... Comment ne pas
céder à cette noble émulation que votre
cœur inspire ? Et comment l'admiration
n'augmenteroit-elle pas mes regrets ? Pardonnez..... Je saurai au moins les taire pour
toujours. Oui, je veux vous imiter en tout,
& suivre votre exemple.... Je veux qu'on
dise un jour en nous plaignant : Elisabeth &
Dom Carlos étoient bien faits pour être unis.

É L I S A B E T H.

Il me semble entendre marcher quelqu'un
de ce côté.

D O M C A R L O S *va voir & revient.*

Je ne sais.... mais je crois avoir entrevu
Ruy-Gomez qui se déroboit à mes yeux...
Le lâche !.....Si je suivois le mouvement

de mon indignation ! ... (*Il met la main fur
fon épée.*)

E L I S A B E T H.

Gardez-vous de me compromettre & de
vous expofer ..... Prince ! fongez que la
prudence eft une égide dont les autres vertus ne peuvent fe paffer..... Je fuis reftée
avec vous trop long-tems... Si je vous fuis
chere, éloignez-vous. Adieu..... Que le
ciel rende à votre cœur ce calme heureux
qu'éprouve une ame pure, & que j'implore
pour moi-même !

SCENE III.

DOM CARLOS, *feul.*

ELISABETH, fi vous m'êtes chere !...
Hélas ! ma vie en fera le plus beau témoignage. Oui.... tout s'éloigne avec elle....
La lumiere du jour, ma vie, tout femble
la fuivre lorfqu'elle difparoît.... Je rentre
dans un cercle ténébreux de douleur &
d'ennui....

(*Dom Carlos appercevant Ruy - Gomez
caché derriere un arbre , dit en quittant
la fcene :*)

De vils efpions s'attachent fur mes pas....
Ruy-Gomez ne rougit pas de remplir un fi
vil emploi.... Quel excès de baffeffe.....
Ciel ! faut-il que les places de premier miniftre & de chancelier foient occupées par
des ames auffi baffes & auffi rampantes !

SCENE IV.

PHILIPPE II, RUY-GOMEZ, UN CAPITAINE DES GARDES.

PHILIPPE II.

Eh bien, Ruy-Gomez, avez-vous entendu quelque chose de leur discours ?

RUY-GOMEZ.

Pas bien clairement, Sire. Seulement quelques murmures contre votre majesté.

PHILIPPE II, *au capitaine des gardes.*

Allez.... suivez ses pas ; & s'il rejoint la reine, venez aussitôt m'avertir..... Approchez le plus près de lui que vous pourrez, afin d'entendre ses paroles ; & s'il vous appercevoit, feignez, ou plutôt dites-lui que je vous ai envoyé vers lui, afin qu'il vienne me parler. (*Le capitaine se retire.*)

RUY-GOMEZ.

Nous sommes arrivés trop tard..... J'ai fait cependant avertir votre majesté au moment qu'on m'a prévenu qu'il étoit avec la reine.

P h i l i p p e II.

Il eſt de la plus grande conſéquence de veiller à leurs démarches. . . . Des complots entre ma femme & mon fils ! . . . . Le caractere de Dom Carlos m'inquiete.

R u y - G o m e z.

J'ai eu lieu de le connoître lorſque vous daignâtes me confier ſon éducation. . . . Je n'ai jamais pu rompre ſon indocilité. Il n'a jamais voulu ſuivre les principes que votre majeſté m'avoit recommandé de lui enſei-gner. . . . Malgré mes ſoins, il, eſt devenu indiſcipliné & raiſonneur. Mais ce qui m'af-flige le plus, c'eſt de voir que la religion perd de jour en jour ſon pouvoir ſur ſon eſprit.

P h i l i p p e II.

Tout eſt perdu, s'il parvient à rompre cette chaîne ſacrée ; car c'eſt ſur elle que je me repoſe pour l'aſſujettir. . . . Le degré de ſes connoiſſances s'étend malgré moi. . . . Il m'importe cependant de le tenir dans un état borné ; & le meilleur moyen d'abrutir l'eſprit d'un jeune homme, eſt de le plon-ger dans une dévotion outrée. . . . . . Rien n'aſſure mieux la ſoumiſſion d'un ſujet, qu'un attachement aveugle aux dogmes ca-tholiques. Quand on eſt une fois maître de la conſcience, on ne craint plus ces ſaillies fougueuſes du jeune âge. . . . Brutus, en-

chaîné par la confeſſion, n'eût jamais frappé
Céſar. Avec la religion & ſes prêtres, je veux
acquérir un empire plus illimité & plus
puiſſant que n'auroient pu faire les nom-
breuſes armées de mon pere.... Des fanatiques choiſis dans mes états iront ſous ce
maſque ſacré effrayer les nations qui m'environnent. Jugez combien je dois être alarmé
d'avoir pour héritier un fils qui cherche à
ſecouer ce joug. Je ne ceſſe, pour l'y contraindre, de montrer un reſpect & une ſoumiſſion aveugle pour les cérémonies de la
religion : mais tous ces exercices d'une dévotion portée à l'excès ne le ſéduiſent point ;
au contraire, il ſemble qu'il ne m'accompagne que malgré lui ; & ſi je ne me
trompe, la dériſion eſt dans ſes regards....
Que je voudrois pouvoir lire dans ſa penſée, pénétrer ſes deſſeins ! .... Je me ſou-
viens encore des idées qui me rouloient
dans la tête à ſon âge...... L'impatience
de régner me dominoit, & je ne ſais à
qu'elle extrêmité je me ſerois porté, ſi quelques autorités préliminaires ne m'avoient
pas donné l'eſpoir d'une prochaine indépendance.... Dom Carlos eſt peut-être dévoré
des mêmes deſirs ; mais ma jeuneſſe doit
lui ôter l'eſpoir de me ſuccéder de long-
tems. Voilà ſans doute ce qui l'aigrit, &
m'en feroit un ennemi d'autant plus à craindre, qu'il prend ſoin de ſe déguiſer.....
Que je voudrois ſavoir le ſujet de ſon entretien avec la reine !

R u y - G o m e z.

Sire, l'intérêt de votre majesté m'ordonne
de tout dire... Pardonnez mes soupçons...
Dom Carlos & la reine conservent toujours
l'un pour l'autre des sentimens, qui depuis
long-tems devroient être éteints... Ils ne
vous pardonnent point de les avoir désunis.
Ils cherchent à se confier leurs secrets, &
malgré notre vigilance, trouvent moyen
d'avoir des entretiens particuliers. J'ai lieu
de présumer que la haine de Dom Carlos
pour la religion vient de la reine........
Elisabeth est d'une cour fort peu attachée
à celle de Rome, & même infectée depuis
quelque temps de novateurs.... La découverte que je viens de faire d'une trahison
m'enhardit à le croire : elle doit faire ouvrir
les yeux à votre majesté.

P h i l i p p e II.

Qu'ai-je entendu ! Ruy-Gomez, expli-
quez-vous.

R u y - G o m e z.

Votre majesté se rappelle l'expédition
secrete qu'elle ordonna dans le Béarn. Un
parti de cavalerie étoit commandé pour aller
se saisir de la reine de Navarre & de son
fils : ils auroient été enlevés inopinément &
transportés en Espagne avant qu'on pût les

fecourir.... Ce coup n'a pas réuffi, parce que Jeanne d'Albret prévenue fut mife en fûreté. Votre majefté n'auroit jamais pu croire que ce fût la reine même qui lui en donna l'avis.

PHILIPPE II.

Ciel, eft-il poffible! Quelle noirceur!

RUY-GOMEZ.

Jeanne d'Albret gagna l'amitié d'Elifa-beth, lorfque cette princeffe, venant en Efpagne, féjourna dans fes petits états.... Cette reine, vous le favez, eft une pro-tectrice des calviniftes; ainfi votre majefté peut deviner le refte.

PHILIPPE II.

Quoi, c'eft Elifabeth qui m'a fait man-quer cet heureux coup!... Quel trait de perfidie!.... L'héritier des Bourbons avec fa mere, une fois détenus dans les prifons fécretes de l'Inquifition, auroient été con-traints de figner l'acte de renonciation & la reftitution de la Navarre; & j'aurois enfuite facilement purgé mes frontieres d'un voifinage qui les infecte, de ces fectateurs de Calvin.... J'aurois tranché par ce coup hardi le fil & l'enchaînement de toutes ces difcuffions à venir. Vous favez que mon amour pour la reine ne va pas à l'excès. J'ai fait ce nouveau mariage uniquement par politique. C'étoit le seul moyen d'ôter Elisabeth à mon fils. Je m'étois trop imprudemment engagé à les unir : je fis réflexion sur ce que j'avois à risquer des suites d'un pareil hymen.... Il donnoit une consistance dangereuse à mon héritier. Dom Carlos, Elisabeth & leurs enfans , appuyés d'une cour étrangere , auroient pu contrebalancer mon pouvoir souverain...: Mon fils seroit devenu pour la nation un objet intéressant, qui m'auroit en quelque sorte effacé.

R u y - G o m e z.

Comme votre politique habile fait tout prévoir ! Il semble que vous soyez devenu veuf à point nommé pour conclure à votre propre avantage cette alliance déjà contractée pour votre fils.

P h i l i p p e I I.

Parlons bas. Vous êtes le seul ministre qui ayez ma confiance ; je ne vous cache rien. Qui mieux que vous sait l'histoire de toutes les femmes que j'ai eues? A parler vrai, aucune n'a mérité mon attachement comme la vôtre.

R u i - G o m e z.

Sire, je sens ainsi qu'elle tout le prix d'un pareil honneur. C'est à votre majesté que je dois mon élévation, & ma reconnoissance n'aura point de bornes. Nous

sommes dévouées pour la vie au bon plaisir
de votre majesté.

PHILIPPE II.

Je le fais. Prenez seulement les plus
grandes précautions pour voiler ma conduite particuliere. Veillez que rien ne tranf-
pire. Je tremble toujours que, malgré les
dehors que j'affecte en public, un œil
curieux & pénétrant ne vienne à connoître
le fond de mon ame. Il est de la derniere
conséquence que je ne fois pas trouvé en
contradiction ; & cette crainte me trouble
au milieu même de mes jouiſſances.

RUY-GOMEZ.

Votre majesté doit être au-deſſus de pareilles inquiétudes. N'êtes-vous pas le maître ? D'ailleurs, quiconque oferoit dire un
feul mot, ne feroit-il pas fûr de fa perte ?
Manquons-nous d'efpions ? Et les louanges
d'un million de prêtres ne fuffifent - elles
pas pour anéantir quelques propos timide-
ment hafardés ? Et l'Inquifition ?...

PHILIPPE II.

Dom Carlos vient : éloignez-vous à quelques pas.

(*Dom Carlos s'approche , précédé du
capitaine des gardes qui fe retire.*)

SCENE V.

PHILIPPE II, DOM CARLOS.

PHILIPPE II, *à Dom Carlos.*

QUE faites - vous en ces lieux ? Eſt-ce
ainſi qu'un prince de votre rang doit ſe
comporter ? Serai-je donc obligé de vous
faire tous les jours de nouveaux reproches ?

DOM CARLOS.

Sire, j'ignore quel ſujet me les attire.

PHILIPPE II.

Votre conduite ſcandaleuſe. On ne vous
voit plus à l'égliſe qu'aux heures où vous
ne pouvez vous diſpenſer d'y paroître.
Vous éludez de m'y ſuivre, lorſque pouſſé
par un ſaint mouvement, je vais viſiter
les reliques des bienheureux, expoſées à
la vénération publique.

DOM CARLOS.

Si je ne donne pas en ſpectacle des dé-
monſtrations publiques de ma piété, ne
puis-je l'exercer dans la retraite ? Sire, je

trouve que le recueillement m'eſt plus
ſalutaire.

P H I L I P P E II.

Votre irréligion cherche à ſe voiler par
de fauſſes excuſes; mais votre froideur &
vôtre relâchement pour les ſacrements en
ſont une preuve évidente. Vous avez oſé
déſobéir à mes ordres, en refuſant d'approcher aujourd'hui de la communion.

D O M C A R L O S.

Un acte auſſi ſacré, qui ne s'accomplit
que par le mouvement du cœur, ne peut
avoir de jours preſcrits & fixés. Notre rang,
je le ſais, exige que nous donnions l'exemple; mais il faut qu'il ſoit ſincere. Celui
de l'hypocriſie ſeroit horrible à donner à
des ſujets.

P H I L I P P E I I.

Dites plutôt que votre conſcience eſt
chargée d'un poids dont elle n'oſe ſe délivrer. Le tribunal de la pénitence vous fait
peur.

D O M C A R L O S.

Et qui peut ſe flatter d'être pur ? Où eſt
l'homme qui ne ſe trouve pas éloigné malgré lui de cet état d'innocence, hélas! ſi
difficile à conſerver ?

P H I L I P P E I I.

Les paſſions qui dominent votre ame,

l'entraînent à fa perdition , & peut - être
celle de la haine l'emporte-t-elle fur toutes
les autres. Vous m'entendez ?.... Répondez: puis-je fouffrir que mon fils refte plus
long-temps dans un état fi dangereux ?

D o m C a r l o s.

Daignez regarder votre fils d'un œil paternel, & fon état changera. Ne rejetez
point, feigneur, la priere que je vais vous
faire, & vous me rendrez la paix & la
tranquiilité.

P h i l i p p e I I.

Le ciel m'eft témoin que je ne veux que
votre falut.

D o m C a r l o s.

Souffrez que je m'éloigne pour quelqué
temps de votre cour. Peut être qu'abfent
je paroîtrai moins coupable. Confiez-moi le
foin d'aller en votre nom appaifer les troubles de la Flandre, je promets de vous y
faire aimer. J'y ferai, par mon exemple,
refpecter & obferver avec empreffement
vos volontés & vos loix.

P h i l i p p e I I.

Vous croyez qu'il fuffit de votre air de
jeuneffe pour en impofer à des rebelles.
Quels font les exploits qui déjà vous dif-

tinguent, pour mériter la confiance publique & la mienne ?

DOM CARLOS.

Sire, si je n'ai pas encore paru à la tête
de vos armées, ce n'est pas que je ne vous
l'aie demandé avec ardeur. Ah ! si le desir
de la gloire pouvoit suppléer au défaut d'occasion d'en acquérir, non, je ne serois pas
indigne du sang illustre dont je suis né.
Daignez enfin me laisser entrer dans cette
glorieuse carriere, dans laquelle l'empereur
mon aïeul n'avoit pas craint à mon âge de
vous faire avancer.

PHILIPPE II.

Ce n'est pas dans une pareille circonstance, ni même dans ce pays, que je
veux que vous fassiez votre premier essai.
Pour appaiser ou pour punir ce peuple rebelle, il faut montrer le front d'un guerrier consommé & intrépide.

DOM CARLOS.

Est - il donc si nécessaire de montrer un
front menaçant ? L'appareil terrible des armes, une multitude formidable de soldats
sont-ils les plus sûrs moyens de ramener
des sujets qui commencent à s'aigrir ? &
la sagesse jointe à la clémence ne peut-elle
pas gagner ce qu'une rigueur précipitée
risque de perdre pour jamais ?

PHILIPPE

PHILIPPE II.

Je conçois aisément, prince, que vous
aimeriez à tolérer dans ces provinces les
nouveaux sentimens qu'elles s'obstinent
d'adopter.

DOM CARLOS.

Pourvu que le sujet soit fidele à son roi
& le chérisse, voilà, je pense, tout ce
qu'un souverain peut & doit lui demander. Qu'importent après tout ses opinions,
son culte & sa maniere d'honorer l'Etre
suprême ?

PHILIPPE II.

Vous avez là des principes erronés.... }
Qu'importe au roi, dites-vous, la religion
de ses peuples !.... Oubliez-vous qu'étant
leur maître absolu, je réponds, devant
l'Etre suprême, de leur foi comme de la
vôtre ? Est-ce donc à des sujets à raisonner
quand l'église décide & que moi-même je
suis soumis à ses saints décrets ? Il sied
bien à un foible mortel de prétendre lui
donner, ainsi qu'à moi, un démenti formel sur les principes religieux dont elle est
l'ame & la base ! Sachez que le plus grand,
le plus dangereux de tous les crimes, c'est
l'incrédulité ; elle conduit à l'irrévérence
envers ma personne sacrée : ne croyez pas,
mon fils, que je lui laisse jamais prendre

d'empire fur votre cœur. Ma confcience
me reprocheroit fans ceffe votre éloignement de ces lieux. Le bonheur de mon
peuple, le vôtre & le mien même en dé-
pendent. Retournez avec fincérité vers cette
religion divine, qui ne ceffe de vous tendre les bras, & qui veut être votre foutien.
Je vous ordonne d'aller vous jeter aux pieds
du fage directeur que je vous ai choifi ;
& que nul prétexte ne vous éloigne davantage des offices que l'églife obferve chaque
jour pour honorer la Toute - puiffance
fuprême.

D o m C a r l o s.

Permettez que je vous repréfente du moins...

P h i l i p p e I I.

Ne me répliquez pas davantage... La clo-
che appelle le peuple au fervice divin ;
allez m'y devancer. Vous m'y verrez bientôt, profterné aux pieds des autels, offrir
mes prieres à l'Eternel pour qu'il daigne
faire rentrer en lui-même, un fils dont
la vie me caufe tant d'amertume & de
chagrin.

D o m C a r l o s, *bas & fe retirant.*

O contrainte!...

S C E N E VI.

PHILIPPE II, RUY - GOMEZ, GRANVELLE.

(Granvelle étoit arrivé pendant la scene pré- cédente, & parloit dans l'éloignement avec Ruy-Gomez.)

P H I L I P P E I I.

Approchez.

R U Y - G O M E Z.

Sire, le cardinal Granvelle a reçu des nouvelles de la Flandre, & vient en faire part à votre majesté.

P H I L I P P E I I, *à Ruy-Gomez.*

Allez : continuez vos soins sur Dom Car- los ; veillez sur lui comme sur la reine. Je tiendrai après la messe un conseil de con- science, & je partirai ensuite pour Madrid. (*à Granvelle.*) Eh bien, Cardinal, à quoi en est le duc d'Albe ?

G R A N V E L L E.

Sire, il est parvenu à faire arrêter les comtes d'Egmont & de Horn ; tous deux

font en prifon, & vos troupes fe répan-
dent dans tout le pays.

PHILIPPE II.

Et le filencieux eft-il pris ?

GRANVELLE.

Le prince d'Orange ?... Il s'eft malheureufement échappé.

PHILIPPE II, *frappant du pied.*

De par tous les faints! tant pis. Celui-
là en valoit bien un autre. Où s'eft - il
fauvé ?

GRANVELLE.

Il eft allé fe mettre à la tête d'une ché-
tive armée, compofée de rebelles & d'hérétiques Allemands qui font venus à fon
fecours; mais le duc d'Albe aura bientôt
détruit cette engeance & pris leur chef.
Guillaume paiera cher fon audace. Nous
attendons à chaque inftant des nouvelles
plus amples & plus favorables, ainfi que
des dépêches pour votre majefté.

PHILIPPE II.

Enfin ces provinces vont éprouver tout
le poids du châtiment qu'elles méritent.

GRANVELLE.

Si ce châtiment égale leur offenfe, il fera
fans doute rigoureux. Votre majefté n'ignore

pas que l'intention du duc d'Albe est de ruiner entiérement ces rebelles.

Philippe II.

Ils ont mérité ma haine depuis le féjour que j'ai fait parmi eux. Lorsque les Flamands me reçurent pour la premiere fois, je ne m'apperçus que trop de la dérision que couvroient leurs hommages. Enhardis par la présence & la familiarité de l'empereur, ils ont osé railler la fierté de ma contenance & ridiculiser ma dévotion. Je n'ai cessé d'éprouver des marques de leur dédain, de leur défiance & de leur opiniâtreté. Enorgueillis par de vains privileges que mon pere eut la foiblesse de leur confirmer, ces petits états ont prétendu mettre des bornes à mes volontés... Cardinal, vous connoissez mieux que perfonne la haine invétérée qu'ils conservent pour ceux qui commandent en mon nom.

Granvelle.

Sire, mon zele pour le service de votre majesté m'a mis en butte à leurs traits. Néanmoins je ferois parvenus à remplir entiérement vos ordres, fans la noblesse du pays ; car avec des troupes & de la fermeté l'on fait aifément obéir le peuple. Mais cette noblesse est indisciplinable & d'une insolence outrée. Elle a pris le parti du peuple, s'est liguée contre moi. Je courois risque de la vie, lorsque votre majesté daigna me rappeller.

P H I L I P P E   I I.

Je sais que votre zele pour la religion, & votre attachement à mes intérêts vous ont causé bien des désagrémens.

G R A N V E L L E.

J'avois fait faire quelques exemples de sévérité sur les plus mutins; cela déplut généralement. D'ailleurs, les provinces voisines de l'Allemagne, de la France, & de l'Angleterre sont imbues de principes attentatoires au pouvoir de la royauté. Ils ne peuvent se persuader qu'un roi est maître de faire absolument ce qu'il lui plait ; que tout lui appartient de droit divin. Et par un certain esprit d'indépendance, ils opposent à ces droits, sacrés des droits chimériques qui deviendroient redoutables, si ces peuples avoient une fois assez de force pour les faire valoir.

P H I L I P P E   I I.

Tous les souverains devroient se liguer ensemble & faire cause commune contre des maximes aussi licencieuses : je ne pense point qu'aucun prenne le parti de ces rebelles.

G R A N V E L L E.

Il faut se méfier du jeune roi de France.

Sa cour est empoisonnée d'hérétiques, &
l'on parle d'un secours qu'il doit faire passer secrétement dans les Pays - Bas, pour
seconder les Flamands.

PHILIPPE II, *souriant*.

Ecoutez, Cardinal.... Vous m'êtes trop
sincérement dévoué, pour que je tarde
davantage à vous mettre dans le secret. Ce
secours, ces six mille hommes que Charles IX leur fait passer secrétement, sont
tous de zélés calvinistes, & l'élite de leurs
guerriers. Genlis doit être à leur tête. Vous
voyez, cardinal, que je suis instruit, Mais
personne ne sait que le roi de France est
d'accord avec moi, pour faire passer cette
petite armée par un défilé, & que mes
troupes en embuscade les tailleront facilement en pieces. Le duc d'Albe sera prévenu à tems, & je vous réponds qu'il
n'en échappera pas un seul. C'est le pré-
lude de la destruction générale des hérétiques en France & dans les Pays · Bas.
Charles IX est convenu d'agir secrétement
avec moi, & c'est tout dire.

GRANVELLE.

Quelle heureuse nouvelle ! Est-il possible,
Sire ! Le cabinet de France adopte donc
enfin le plan que vous m'envoyâtes rédiger
avec le cardinal de Lorraine ?

PHILIPPE II.

Le duc d'Albe, dans l'entrevue de Bayonne, a gagné Catherine de Médicis, & c'eft elle qui nous répond du roi fon fils. Mais il faut la plus grande difcrétion. Catherine veut faire tomber dans le piege tous les chefs des religionnaires. C'eft une Italienne rufée qui me redoute & ménage ma protection contre fes enfants même & les grands du royaume. Elle a conclu un traité de paix fimulé avec les révoltés. Ils s'en défient cependant, & fe tiennent fur leurs gardes. Mais le mariage du jeune Bourbon avec fa fille fera le piege où ils tomberont tous ; & la reine de Navarre elle - même n'échappera certainement pas cette fois.

GRANVELLE.

Voilà, Sire, le coup le plus important pour faire réuffir vos projets dans les Pays-Bas. Eh bien, je m'efforçois de le faire entendre au cardinal de Lorraine. Pour Dieu, lui difois-je, au lieu de faire battre nos rois l'un contre l'autre, que ne les uniffons-nous contre les.ennemis de l'églife ? C'eft le feul moyen d'affermir leur puif-fance.

PHILIPPE II.

En détruifant les calviniftes, nous énerverons la France de fes meilleurs guerriers. Cette race des Châtillons, ces Condés & tant d'autres m'ont fait d'autant plus peur

après la victoire de Saint-Quentin, qu'ils ont
des relations en Allemagne, & que cette
puissance leur fournit une pépiniere de héros. Charles IX en tutelle sous Médicis est
fort peu redoutable. Ses freres ne seront jamais des princes dangereux. Je considere
la couronne de France comme un apanage
de la mienne, par l'alliance que j'ai contractée, & encore plus par l'intérêt que je dois
prendre au soutien de tous les fideles de
ce royaume, en qualité de roi catholique.
D'ailleurs, le clergé de France m'est entiérement dévoué, & avec le secours du saint
pere je suis assuré d'une prépondérance que
je serai maître d'étendre aussi loin qu'il me
plaira. Le meilleur moyen d'assujettir les
François, est de les entraîner dans une longue guerre civile; &, comme vous le savez,
l'assassinat du duc de Guise est un feu qu'on
peut attiser pour produire à tems la discorde.
On n'a rien négligé, j'espere, pour faire
attribuer ce coup à l'amiral Coligny ?

GRANVELLE.

Sire, vos intentions ont été exactement
suivies par nos espions & nos agens. Nous
avons dans Paris un grand nombre d'Italiens
& d'Espagnols à la solde de votre majesté,
& qui lui sont entiérement dévoués. L'on
travaille à désunir les enfans du duc de
Guise, & j'espere que cette famille sera
pour nous d'un grand secours pour conso-

lider la ligue dont votre majefté m'a donné le plan.

PHILIPPE II.

Vous voyez, Cardinal, que c'eft princi-palement les intérêts de l'églife & de la fainte religion qui me font agir ; pour une caufe auffi illuftre, il n'eft aucun fcrupule qu'on ne doive facrifier.

GRANVELLE.

Mais, Sire, n'êtes - vous pas en ce mo-ment fur la terre le feul roi en état de la gouverner ? Et cette fine politique envers la France n'eft-elle pas la preuve la plus con-vaincante de la fupériorité de votre génie ? Car enfin, c'eft conquérir cette nation fans lui faire la guerre ouvertement.

PHILIPPE II.

Oui, j'aime à ufer des moyens doux lorfqu'ils peuvent fuffire. Vous n'ignorez pas qu'avant d'envoyer le duc d'Albe en Flan-dre à la tête d'une armée formidable, j'avois conçu d'autres moyens plus fûrs. Je voulois me défaire clandeftinement de tous ceux qui pouvoient avoir quelqu'autorité ou quelque crédit fur le peuple ; mon idée étoit de faire arrêter de tous côtés quiconque auroit paru difpofé à la rebellion ; puis, les faifant périr fecrétement, on auroit évité toute clameur, ainsi que les dépenses qu'entraîne la levée d'une armée. Mais le conseil a décidé qu'il valoit mieux agir ouvertement.

GRANVELLE.

Je pense que votre majesté aura lieu de se féliciter d'avoir pris ce dernier parti. La précaution d'agir secrétement pour se défaire d'un ennemi est excellente dans des affaires dont on ne se soucie point de rendre compte ; mais ici, au contraire, c'est une gloire d'en publier les motifs. La cause de la religion, que vous embrassez, vous sauve de tout reproche. En son nom, vous pouvez tout oser ; & les vrais fideles, transportés d'une sainte joie, éleveront leurs voix, & applaudiront de toutes parts à votre zele.

PHILIPPE II.

Le premier coup est frappé.... Je veux qu'il soit terrible, afin d'en imposer. Je pousserai les choses si loin, que la chrétienté s'en ressouviendra long-tems. J'augmenterai la rigueur des édits ; il le faut, quoique l'on en murmure. C'est le seul moyen de ne laisser aucun espoir de clémence. Je prétends que celui qui sera convaincu d'avoir donné asyle à un homme accusé d'avoir assisté aux prédications des hérétiques, fût-ce son pere ou son fils, soit condamné au feu comme le criminel même. Et comme les femmes, dans les

féditions, font celles qui les premieres allu-
ment la difcorde avec plus d'audace, j'ordonne que celles qui feront prifes en con-
travention , foient enterrées toutes vives ,
fans aucune miféricorde. Entendez - vous ,
Cardinal ?

GRANVELLE.

Sire , il eft certain que de pareils actes
de févérité font néceffaires pour accélérer
la réduction de ces provinces révoltées ; &
lorfqu'elles feront une fois courbées fous le
joug de l'églife , vous n'éprouverez plus de
difficultés de leur part : les impôts fe leve-
ront fans obftacle , felon votre bon plaifir.
L'augmentation du nombre des évêques &
l'établiffement de l'Inquifition affermiront
pour toujours votre autorité fuprême. Je
connois le caractere des habitans de ces provinces , & j'ofe affurer votre majefté ,
qu'après en avoir fait fupplicier quelques
centaines , & détruit quelques milliers par
les armes , les autres demanderont bientôt
grace : les pauvres Flamands refteront enfuite pour long-tems le peuple le plus ftupi-
dement attaché aux dogmes qu'ils rejettent
actuellement avec tant d'infolence.

PHILIPPE II.

Cardinal , vous devancerez mon retour
à Madrid. J'ai demandé au grand Inquifiteur
d'accomplir à mon arrivée la célébration d'un

acte de foi : recommandez-lui que rien ne manque pour rendre cette cérémonie impofante. Je veux y affifter moi-même avec tout l'appareil de la majefté royale.

Granvelle.

Un tel exemple fera d'un grand poids, Sire ; car malgré tous nos foins, l'héréfie cherche de toutes parts à s'introduire dans ce pays. Le nombre de fes fectateurs eft plus grand qu'on ne penfe. Ils font d'autant plus dangereux, qu'ils cachent en public leurs fentimens ; ils mentent par crainte, & ne fe déclarent qu'à ceux qu'ils favent être imbus des mémes principes, ou difpofés à embraffer leur fecte.

Philippe II.

Il me vient une idée. Je penfe que, pour découvrir ceux qui fe voilent ainfi, il faudroit, le jour de l'acte de foi, répandre parmi le peuple un grand nombre d'efpions attachés à l'Inquifition. Ils feront déguifés, & feront femblant de s'attendrir fur le fort des condamnés. Alors, épiant attentivement les difcours de ceux qui paroîtront compatir à leur jufte fupplice, ils pourront aifément les dénononcer. Je fuis certain que par cette feinte la fainte Inquifition fera une ample capture de ces hérétiques ; qui, au grand contentement du peuple, ferviront de victimes pour l'acte de foi fuivant.

GRANVELLE.

Il n'appartient qu'à votre majesté de trouver des moyens aussi décisifs. Quel bonheur
pour notre auguste religion d'avoir un roi
tel que vous pour défenseur ! Oui, l'église
romaine vous devra sa force & son empire
sur les hommes. Dans ce siecle pervers,
lorsque des dangers imminens la menaçoient
de tous côtés, vous vous êtes montré son
plus ferme appui , & elle a repris son
éclat. Ah, Sire ! sans vous, nous périssions.

(Philippe se retire , & le cardinal le suit.)

SCENE VII.

(La scene est à Madrid.)

ELISABETH, HONORINE.

ELISABETH, *à sa suite.*

ELOIGNEZ-VOUS.... (*S'adressant à Honorine.*) Je-suis libre enfin, & je puis sans témoin ouvrir mon cœur à ma chere Honorine. Toi, l'ancienne amie qui veillas sur mon enfance, & dont je n'oublierai jamais les tendres soins, dis-moi quel sujet t'amene du sein de la France à la cour de Madrid. Aurois-tu éprouvé quelque disgrace ? Ne crains point d'épancher ton cœur dans le mien ; Elisabeth est toujours la même ; & si au premier abord j'ai paru la recevoir avec froideur, c'étoit pour ne donner aucun ombrage à ceux qui m'environnent.

HONORINE.

Ah, princesse ! j'avois peine à reconnoître à ce premier accueil, ma sensible Elisabeth, dont le cœur compatissant sacrifia toujours l'orgueil de son rang à une douce affabilité. J'ai pensé que le caractere Espagnol avoit peut-être dénaturé le vôtre, & dans cette erreur je regrettois d'avoir hasardé un si long voyage, uniquement entrepris pour vous serrer encore une fois dans mes bras. Grande reine, pardonnez à mon ancien attachement une démarche que vous jugerez peut-être imprudente; mais je n'ai pu résister plus long-tems au désir de revoir celle à qui je porte la tendresse d'une mere, & dont la séparation m'a coûté tant de larmes. J'ai voulu, avant de mourir, me convaincre par moi-même de votre sort, & savoir si vous êtes vraiment heureuse avec le roi votre époux.

ELISABETH.

Les secrets de mon cœur te son connus depuis long-tems. Tu sais de quel espoir il fut enivré lorsque je me crus destinée à partager mon existence avec Dom Carlos. C'est dans ton sein que j'épanchai ma douleur & mes larmes, lorsque j'appris qu'un nouveau traité me rendoit l'épouse de son pere ; tu te souviens sans doute du mépris & de l'aversion des Anglois, de tout ce qu'ils se permirent sur Philippe & sur Marie son épouse. Ils attribuoient les persécutions de cette reine catholique aux secretes instigations de l'Espagnol. Ils en faisoient des portraits qui effrayoient mon imagination. Mais celui de Dom Carlos m'avoit été constamment pré-
senté

senté sous un aspect bien différent. Je le
voyois détestant la tyrannie, plein d'ardeur
& de franchise, opposé en tout à son pere,
& brûlant de s'unir à moi. Je me félici-
tois du traité qui le rendoit mon époux.
Hélas ! cette douce illusion s'est évanouie.
La mort inopinée de Marie a déchu Philippe de ses prétentions sur l'Angleterre.
En vain il offrit sa main à la nouvelle
reine ; la sage Elisabeth, maîtresse d'elle-
même, eut trop de prudence pour se
rendre la proie d'un tel monarque. Ses
tentatives ayant été infructueuses envers elle,
ce fut sur moi qu'il tourna ses vues. Il
m'arracha sans pudeur des bras de l'infortuné Dom Carlos, & cette inégale alliance
les rois l'ont signée ! Que sommes - nous
donc, nous qui naissons sur les degrés
du trône ! Un objet de trafic, dont la politique dispose à son gré. On pare la victime,
on la livre sans qu'elle ose gémir ou se
plaindre. La sympathie des cœurs, l'union
des sentimens sont comptées pour rien. La
femme du dernier de mes sujets, plus
libre, ne contracte-t-elle pas plus noblement ?
Ah ! quand elle est conduite par un amour
pur & sincere, elle l'emporte en bonheur
sur une princesse. Quel affreux sacrifice
mon rang m'a commandé ! S'il m'eût été
permis de vivre dans la retraite, j'aurois
pu, sans me rendre coupable, conserver
en mon cœur un tendre souvenir. Mais...
voir tous les jours l'amant qui m'adore !

H

être témoin des affronts qu'il endure, lire son désespoir dans ses yeux, & pour comble de maux être l'épouse de son pere, de Philippe II ! Dieu ! n'est-ce pas t'en dire assez !

HONORINE.

Qu'entends-je ! Elisabeth malheureuse ! Avec l'ame la plus noble, le cœur le plus vertueux ! qui peut donc goûter le bonheur ici-bas, si votre rang....

ELISABETH.

Mon rang ! Le bonheur & la paix ne sont pas ordinairement le partage d'une famille coupable. Mon aïeul & mon pere ont commis des forfaits que le Ciel vengeur ne laisse pas impunis. Ma mere !.. Je n'ai suivi ni ses préceptes, ni son exemple. J'ai reçu du Ciel un cœur tout différent ; les cris elevés contre elle m'ont appris à suivre une autre route. Tu devins ma mere, & Médicis fut mon bourreau. C'est elle qui m'a vendue à Philippe pour s'en faire un appui. Elle s'est avilie jusqu'à mendier la protection de l'Espagne contre les François, sur qui elle regne. Rien ne lui coûte, pourvu qu'elle domine : mais la malédiction céleste qui la poursuit, réjaillit sur ses proches. J'ai vu mon pere frappé d'une mort funeste au milieu des fêtes qu'il célébroit pour mon fatal hymen. François II, son premier fils, semble n'être

monté fur le trône que pour fe fouiller de
l'affaffinat d'un magiftrat. Un roi de feize
ans ofa condamner la religion d'un vieillard vertueux. Il ordonna fon fupplice,
& cette affreufe fentence s'exécuta honteu-
fement au milieu de Paris, fous les yeux
d'un peuple qui ne favoit que gémir. Charles IX eft maintenant fur le trône, & donne,
ainfi que fes freres, des augures non moins
finiftres.... Quelle inconcevable deftinée!
Fille, fœur & femme de rois fanguinaires,
il ne me refte plus que d'avoir un fils qui
leur reffemble. Grand Dieu! accordez-moi
la grace de mourir avec l'enfant que je
porte, s'il doit fuivre leur exemple ou
reffembler à fon pere.

HONORINE.

Je l'ai vu enfin, cet époux redoutable,
ce monarque terrible. Son abord m'a
repouffé; foit prévention, ou fauffe terreur,
mes yeux fe font détournés à fon approche; je me fuis éloignée le cœur faifi
d'épouvante.

ÉLISABETH.

Perfonne n'a jamais fu mes chagrins,
chere Honorine; tu es la feule à qui je
les confie. Accoutumée dès l'enfance à
t'ouvrir mon cœur, j'ai faifi ce moment
pour en adoucir l'amertume. Il y a fi long-
tems que je n'ai goûté cette douceur. Hélas!

H 2

c'eſt peut-être pour la derniere fois. Sache
que j'ai tout fait pour m'attacher à Philippe, & me ſoumettre à mon ſort. Dieu
ſeul connoît mes efforts pour toucher ce
cœur endurci & le rendre plus humain.
C'eſt le bonheur des peuples, c'eſt ma
place, qui m'impoſoit cette tâche. Mais
hélas ! malgré mes prieres, mes remon-
trances, je ne vois en Philippe qu'un pere
dur, un mari défiant, un maître impitoyable. Son front ſourcilleux m'ôte la
confiance, & depuis quelque tems je ne
puis l'approcher ſans crainte. Ce que j'entrevois m'afflige & me trouble : d'un côté
les diſſenſions de la Flandre, de l'autre
celles de ma patrie. La tranquillité publique
ſembloit devoir être le prix de mon dévouement. Une main cachée arme les François
les uns contre les autres pour l'intérêt de
la religion. Je prévois que les ſuites de
cette diſcorde auront une longue durée...
Heureuſe Angleterre ! une femme habile
& courageuſe fait ta paix & ta tranquillité. Eliſabeth ſe rit des foudres de Rome
& des menaces de Madrid. Elle ſait que
le peuple le plus libre eſt toujours le plus
fort. C'eſt en faiſant aimer ſon regne qu'elle
en aſſure la durée. Ici, quelle différence !
le deſpotiſme perpétue l'ignorance de ce
peuple ſuperſtitieux ; l'Inquiſition par ſes
affreux décrets, par ſes ſpectacles atroces,
enflamme le fanatiſme, & d'un bout du
monde à l'autre couvre le nom Eſpagnol

d'un opprobre éternel. La défiance & la jaloufie cherchent par-tout des victimes... Garde-toi bien, chere Honorine, de laiffer échapper un mot qui puiffe dévoiler tes fentiments. Tu ferois livrée au pouvoir de l'Inquifition, & toute reine que je fuis, je ne pourrois t'en délivrer. Crois-moi, ne refte point en cette cour. J'aurai foin de favorifer ton départ. Tu retourneras comblée de mes bienfaits & feul témoin de mes douleurs.

H o n o r i n e.

Hélas! les jours qui doivent prolonger mon exiftence font bien peu de chofe. Mes enfants!... Ils n'ont plus befoin de moi. O digne Elifabeth! je ne defirois que de vous voir. Que le Ciel difpofe maintenant de mes jours : je les lui abandonne fans regret. Faffe l'Etre fuprême que je puiffe adoucir l'amertume de votre vie aux dépens de la mienne!

E l i s a b e t h.

Non, non. ... Je ne veux point ajouter à mes maux celui d'avoir à craindre pour toi. Toi feule en ce moment peux me rendre un fervice important. Je vais t'en confier le fecret, chere Honorine. Ecoute..... L'amitié me lie étroitemenr avec la reine de Navarre : je l'ai déjà fauvée d'un grand péril... Philippe, loin d'obéir au teftament de fon pere, au lieu de reftituer la Navarre uſurpée, avoit conçu le barbare deſſein de faire enlever l'unique héritier de ce royaume ; des gens de guerre, furtivement arrivés, devoient arrêter du même coup le jeune Henri & ſa mere, les conduire en Eſpagne, les livrer à l'Inquiſition qui, les condamnant comme hérétiques, auroit, par une ſuite ordinaire de ſes jugemens, prononcé la confiſcation de leurs états. Le Ciel me fit connoître cette trame odieuſe aſſez tôt pour la prévenir. Aujourd'hui, un nouveau danger menace cette généreuſe protectrice des religionnaires opprimés. La reine ma mere l'appelle à ſa cour ; elle veut unir ſa fille à ſon fils. Ah ! ſans doute qu'il me ſeroit cher de voir ma ſœur l'épouſe du ſeul rejeton de la famille royale ; mais que la reine de Navarre ſe préſerve d'une alliance auſſi trompeuſe. Va ſecrétement lui dire de vive voix ce que je ne puis lui écrire ſans danger. Dis-lui de ma part, que les avantages accordés par Charles IX aux François proteſtans ſont ſimulés ; que cette derniere paix n'eſt qu'une feinte inventée par la plus noire perfidie, pour attirer tous les chefs des proteſtans à Paris, & les frapper du même coup au milieu des fêtes qu'on leur prépare.

HONORINE.

Grand Dieu, eſt-il poſſible ! Quoi, la trahiſon monteroit à un tel point !

Le trône seroit souillé de forfaits aussi
exécrables !

ELISABETH.

Apprends comment j'ai pu découvrir ce
complot. Tu sais le voyage que la cour
de France fit vers Bayonne, & sous quel
prétexte je fus conduite de la cour de
Madrid vers les confins du royaume, pour
avoir une entrevue avec ma mere.

HONORINE.

Un obstacle m'empêcha en ce tems de
profiter d'une occasion si favorable pour
avoir la consolation de vous voir ; & c'est
pour en effacer le regret, que j'ai fait le
voyage qui met le comble à mes souhaits.

ELISABETH.

Ce n'étoit pas le plaisir de me voir qui
conduisoit la reine de France jusque vers
ses frontieres, mais putôt le dessein de
concerter le massacre des protestans avec le
cruel duc d'Albe. Couchée près de la chambre où ils dirigeoient ensemble ce funeste
complot, j'entendis tout ; j'appris que le
cardinal de Lorraine & Granvelle n'avoient
mis d'accord l'Espagne & la France qu'à
cette malheureuse condition, dont je deve-
nois moi-même la premiere victime. Ils con-
vinrent ensemble de faire périr quiconque

n'obferveroit pas les décrets du dernier concile ; & c'eſt Philippe, c'eſt mon époux, qui eſt à la tête de ce complot abominable.

HONORINE.

Que les prêtres foufflent des confeils fanguinaires pour foutenir leurs intérêts & ceux du S. Siege, je n'en fuis pas furprife, les exemples n'en font que trop fréquens, mais qu'un monarque adopte cette odieufe perſécution, qu'il aiguife lui‑même leur rage contre ce peuple innocent, contre des hommes braves & vertueux, qui prefque tous ont défendu l'état & le roi même aux dépens de leur vie, c'eſt ce qu'on ne pourra croire. Et qu'importe à Philippe leur opinion & leur maniere d'honorer l'Etre fuprême?

ELISABETH.

Philippe fut élevé dans fon enfance par des prêtres Efpagnols ; fon efprit fe plia de bonne heure à leurs principes, adopta facilement leur caractere fombre & farouche. Enflé d'orgueil, fans ceffe entouré de vils adulateurs, s'imaginant que tous les hommes devoient fléchir fous lui, quelle fut fa furprife, lorfqu'en Flandre & en Allemagne, où il voulut exercer les droits d'un maître abfolu, au lieu d'hommages publics & finceres, il ne reçut de ces peuples qu'un froid mépris ! les proteftans des Pays-Bas

ont facilement découvert son hypocrisie ;
ceux d'Allemagne se sont ouvertement opposés au desir ambitieux qu'il montroit de
vouloir un jour être leur empereur. Humilié dans le Nord, il retourne en Espagne par l'Italie ; il passe par Trente ; il visite un concile qui le reçoit comme un
dieu, & dont il réclame la protection.
C'est là que les suppôts de l'église romaine
lui promirent l'empire universel par le
moyen de leurs saints décrets...

H O N O R I N E.

O ma chere princesse, à quel maître le
sort vous a-t-il lié !

E L I S A B E T H.

Juge, chere Honorine, si son cœur brûlant de la soif de la vengeance, ne s'est
pas livré aveuglément à ces exécrables pro-
messes, dont les suites vont détruire la
tranquillité des peuples... Un massacre général s'apprête. Le duc d'Albe est dans
les Pays-Bas ; les Guises en France machi-
nent avec l'Espagne des complots ténébreux, & maîtrisent à leur gré le jeune &
trop foible Charles IX. Je tremble que
l'alliance de Henri de Navarre ne soit le
signal du sang qu'on veut répandre. Hâte-
toi de prévenir sa mere. Eloigne-la de
cette cour fatale, où Rome & l'Espagne
regnent avec Médicis, où l'on sait, au dé-

faut du fer, employer le poifon. L'Angle=
terre & l'Allemagne offrent à cette reine
infortunée un afyle plus fûr; elle y pourra
unir fon fils par des liens plus purs.... Et
toi, ma tendre amie, fuis loin de ces lieux,
profite de ton heureufe liberté, & fonge
à trouver une retraite où tes jours s'écou-
lent dans la tranquillité & la paix. Que
ne puis-je m'éloigner avec toi, & ignorée
de l'univers, finir les miens dans les bras
de l'amitié! Un défert feroit pour moi
plus agréable que cette trifte cour où m'enchaînent mon devoir & mon rang. Mais
j'apperçois Dom Carlos; il s'approche de
nous à pas précipités. Laiffe-moi feule avec
lui; je veillerai à ton départ, & te rejoin-
drai bientôt pour recevoir tes adieux.

SCENE VIII,

PHILIPPE II, GRANVELLE, SPINOLA, LE LÉGAT, LE NONCE, MONTALTE.

LE LÉGAT.

SIRE, je m'empreffe de vous apporter la bulle de notre S. Pere. Voici ce que le fouverain-pontife accorde à votre majefté. Il vous difpenfe de toutes vos promeffes envers les provinces des Pays-Bas ; il vous délie du ferment de les maintenir dans leurs droits & privileges en vertu de la loi fondamentale dans la catholicité, qu'on ne doit garder aucune foi envers les hérétiques.

PHILIPPE II.

Je rends grace à Sa Sainteté, & lui demeure foumis comme un fils l'eft à fon pere.

LE LÉGAT.

Je préfente à votre majefté la lifte de tous les livres dont la lecture eft prohibée par le concile de Trente, afin d'en ordonner la défenſe dans tous vos royaumes : vous trouverez au nombre de ces livres dangereux, *la Bible en langue vulgaire.*

P H I L I P P E   I I.

C'eſt une grande prudence du S. Pere, d'empêcher ſur-tout la lecture de ce dernier. L'égliſe latine non ſeulement n'a aucun compte à rendre au peuple ; mais elle doit encore préſerver les ſaintes Ecritures de tout approfondiſſement & de tout examen profane. Le ſalut dépend de la foi aveugle.

L E   L é g a t.

Sa Sainteté me charge encore de vous dire qu'elle s'attend que vous appuierez de toute votre autorité l'admiſſion des décrets du concile de Trente dans toutes les cours étrangeres & particuliérement dans celle de France, où le parlement de Paris s'ingere d'en combattre la suprématie.

P H I L I P P E   I I.

Aſſurez le S. Pere que je veille ſur ce royaume comme ſur le mien propre. Il eſt trop voiſin de mes états pour m'être indifférent, & je donnerai bientôt des témoignages de mon zele à cet égard.

L E   L é g a t.

Voici le bref ſollicité par votre majeſté.

Il vous permet de lever une décime extraordinaire ſur le clergé de votre royaume, afin de faire la guerre aux ennemis de l'égliſe.

P H I L I P P E II.

Il faut eſpérer qu'avec le ſecours du S. Siege je parviendrai à exterminer cette foule de mécréans, le ſcandale des vrais fideles.

L e L é g a t.

C'eſt par l'établiſſement de la ſainte Inquiſition, c'eſt dans l'étendue de ſon pouvoir, qu'on trouvera les plus ſûrs moyens d'extirper totalement l'héréſie. L'objet de ma miſſion eſt principalement pour preſſer votre majeſté de forcer les Flamands à la recevoir.

P H I L I P P E II.

Sa Sainteté doit être perſuadée que je mettrai tout en œuvre pour l'établir chez eux; leurs révoltes ne pourront m'en empêcher. Le cardinal Granvelle, à qui j'ai fait part de mes intentions, doit ſavoir que j'ai ordonné de faire des exemples capables d'effrayer ceux qui ſeroient tentés de s'y oppoſer; & ces actes de ſévérité ne peuvent manquer de produire un bon effet.

L e L é g a t.

Votre majeſté fait éclater ſa juſtice en châtiant ce peuple rebelle, ignorant & opiniâtre ; qu'on ne peut efpérer de convaincre & de ramener par la douceur. Auffi l'Inquifition tient-elle pour maxime inviolable qu'il ne faut jamais difputer de religion avec les hérétiques, fur-tout devant le peuple. Ils doivent être convertis par la voie de l'autorité.

PHILIPPE II.

Cardinal Spinola, vous chef fuprême de l'Inquifition d'Efpagne, répondez : pouvez-vous me dire fi le S. Office a fini toutes les procédures des coupables qu'elle tient emprifonnés ; & quand fe fera l'acte de foi ? Il tarde beaucoup.

SPINOLA.

Sire, dans ce jour même toutes les cloches vont annoncer au peuple cette augufte & pieufe cérémonie. L'archevêque de Tolede, ancien primat d'Efpagne, eft du nombre des condamnés, d'après des propofitions hafardées qui fe trouvent dans fon catéchifme. Mais le pape réclamant le droit de le juger en dernier reffort, il fera transféré dans les prifons de Rome, fous le bon plaifir de votre majefté.

LE LÉGAT.

Sire, c'eft feulement pour foutenir les droits inviolables du S. Siege. Ce prélat re

vivra pas en liberté ; vous en avez la parole
du S. Pere.

PHILIPPE II.

Vous savez mes conditions. Je n'ai rien
à refuser au chef de l'église ; il lui suffit
d'ordonner.

SPINOLA.

L'Inquisition s'est aussi rendu favorable à
Constance Ponce , confesseur de votre auguste pere. Elle lui a laissé la liberté de
s'empoisonner lui-même dans la prison. On
portera seulement son effigie à l'acte de
foi.

PHILIPPE II.

Cette condescendance charitable fait honneur à l'humanité des juges ecclésiastiques.
Je ne dois ni n'ai envie de les contredire.

LE LÉGAT.

C'est agir chrétiennement.

SPINOLA.

Nous avons cette fois-ci beaucoup d'évêques du regne précédent. Ils seront tous
brûlés sans exception. De ce nombre est
le prédicateur favori de votre illustre pere.

PHILIPPE II.

Cela fera beaucoup d'impression, je pense.

Il faut des exemples capables d'intimider.
Mais enfin, quand me délivrera-t-on de
ces députés de Flandre, qui ne ceſſent de
m'obſéder de leurs repréſentations ? Ce
baron de Montigny ſur-tout, c'eſt de celui-
là qu'il faut ſe débarraſſer le premier. Qu'on
ne diffère plus de s'aſſurer de ſa perſonne.
Grand-inquiſiteur, je vous ai recommandé
de veiller attentivement ſur lui.

SPINOLA.

Que votre majeſté ne s'inquiete de rien ;
monſeigneur le légat en fait ſon affaire.

LE LÉGAT.

Sire, le baron de Montigny eſt envoyé
par les états de Flandre, principalement
pour appuyer l'oppoſition que font ces peuples de recevoir l'Inquiſition dans leur pays.
Je le regarde comme un ennemi perſonnel
du S. Siege, je le fais épier par le conſul-
teur du S. Office, par le pere Montalte ;
c'eſt vous en dire aſſez, vous connoiſſez
l'eſprit fin de cet homme. Il a eu l'honneur
de prêcher derniérement devant votre
majeſté.

PHILIPPE II.

J'ai été très-ſatisfait de l'entendre : c'eſt
un ſavant orateur ; il ne mollit pas.

LE

Le Légat.

Approchez, pere Montalte, venez rendre compte à sa majesté de ce que vous avez pu découvrir des discours du député des états.

Montalte.

Sire, je me suis insinué dans son amitié ; j'ai gagné sa confiance, en feignant de lui parler avec franchise. J'ai retenu tout ce qui lui est échappé dans la chaleur de la conversation, & j'ai fait mon rapport dans les formes aux commissaires du S. Office.

Philippe II.

Pensez-vous avoir déposé des griefs suffisans pour lui faire son procès dans les regles ?

Montalte.

Sire, dans ces tems malheureux, le venin de l'hérésie est tellement répandu qu'il paroît par-tout ; point d'écrits qui ne soient plus ou moins infectés de ses damnables maximes. Je ferois gageure de ne pas l'entendre parler une heure, sans le voir tomber dans des fautes capitales.

Le Légat.

C'est là vérité, Sire ; personne n'est plus

I

profond dans ces fortes de matieres que le
pere Montalte : fa réputation fur ce point
eſt étonnante. Il étoit un des fix conſulteurs
choiſis par le pape à ſon avénement au
pontificat, pour donner leurs ſentiments
fur le cardinal Carafe.

M O N T A L T E.

C'eſt fur mes inſtructions, Sire, qu'on
l'a fait étrangler.

P H I L I P P E   I I.

Vous avez un zele actif. J'aime les hommes qui ſe déterminent à la ſévérité, quand
elle eſt néceſſaire au bien de la religion.

M O N T A L T E.

Nous tenons pour principe, qu'il vaut
mieux faire périr des catholiques d'une foi
douteuſe, que de laiſſer échapper un ſeul
hérétique. Voici la raiſon qu'en donne le
directoire des inquiſiteurs : c'eſt qu'en donnant la mort à un catholique innocent, on
ne fait que lui aſſurer le paradis ; au lieu
qu'en laiſſant échapper un hérétique, il
pourroit ſe perdre, & infecter un grand
nombre d'eſprits ; nous brûlons ſon corps,
mais nous ſauvons ſon ame. Nous n'aban-
donnons pas les réfractaires, & juſqu'au
dernier inſtant nous leur offrons les moyens
d'échapper à la damnation éternelle.

PHILIPPE II.

Vous êtes éloquent & très-inftruit, pere Montalte. Je vous nomme mon prédicateur ordinaire, & vous gratifie de mille piftoles.

MONTALTE.

Sire, vos bontés me pénetrent jufqu'au fond de l'ame. J'ai vu dans votre majefté l'homme fupérieur que la divine Providence avoit choifi pour exterminer l'héréfie chez tous les peuples de la terre & rendre fon regne mémorable; dès cet inftant je fuis devenu fon plus affectionné fujet. Oui, Sire, c'eft à vous qu'il faut appliquer ces paroles de l'Ecriture : *Je t'ai donné en lumiere aux nations, afin que tu fois mon falut jufqu'aux extrémités de la terre.*

LE LÉGAT.

Admirable & jufte citation !

LE NONCE.

Rien de plus conféquent. Auffi, Sire; vous honorez-vous du beau titre *de très-catholique.*

PHILIPPE II, *au Légat.*

Je penfe qu'il feroit en état de dreffer la forme d'une bulle d'excommunication, dont j'ai befoin d'envoyer le modele au S. Pere.

I 2

LE LÉGAT.

Sire, je réponds de sa capacité.

PHILIPPE II, *à Montalte.*

Il est question de noircir Elisabeth d'Angleterre de tous les crimes dont l'héréfie est capable. Je voudrois vous voir ébaucher cela dès aujourd'hui.

MONTALTE.

Votre majefté fera promptement servie. Son excellence peut rendre témoignage de la facilité avec laquelle je m'acquitte d'une pareille compofition.

LE LÉGAT.

Oui, toujours avec plein fuccès.

PHILIPPE II, *à Montalte.*

Vous vous rendrez ce foir à mon audience particuliere (*Montalte fe courbe jufqu'à terre.*) (*Au Légat.*) Je vais écrire au S. Pere, & vous lui ferez paffer avec ma réponfe les témoignages de ma gratitude. Venez, Granvelle, j'ai encore à travailler avec vous. (*A Spinola.*) Grand inquifiteur, allez donner vos foins à la folemnité qui fe prépare. J'y paroîtrai moi-même : que le S. Pere en foit informé.

S P I N O L A.

Je mettrai mes soins & ma vigilance à
mériter la bienveillance de votre majesté,
& suivrai ponctuellement l'avis ingénieux
que son amour du bien public lui inspire,
& dont le cardinal Granvelle m'a fait part.

S C E N E   IX.

SPINOLA, LE LÉGAT, LE NONCE,
MONTALTE *un peu éloigné.*

S P I N O L A.

Vous voyez dans quelles heureuses dis-
positions j'entretiens le roi. J'espere que Sa
Sainteté sera satisfaite d'apprendre l'ardeur
que je mets à la servir. Je risque beaucoup;
mais l'espoir d'être soutenu en cas de revers,
éleve mon courage.

L e L é g a t.

Aussi la cour de Rome vous est-elle entiérement attachée, & ne vous laissera jamais
dans aucun embarras.

L e N o n c e.

Certainement vous pouvez compter sur
la protection du sacré college. L'intérêt

général est d'être unis ensemble. Vous pouvez tout entreprendre à l'ombre du S. Siege.

SPINOLA.

Je laisse vos éminences, en me recommandant à leur faveur. Ce jour est pour moi un grand jour de travail ; car nous avons plus de trois cens prisonniers à faire passer par la question.

LE LÉGAT.

Allez, monseigneur le cardinal ; que rien ne vous détourne de ces fonctions aussi graves que méritoires.

SCENE X.

LE LÉGAT, LE NONCE, MONTALTE.

LE LÉGAT.

EH bien, le pere Montalte se repent-il présentement de m'avoir suivi ? Le voilà en faveur, Oh ! il va faire beaucoup d'envieux.

MONTALTE.

Monseigneur, le bien que je trouve le plus digne d'envie est celui de votre honorable amitié. Illustres prélats, que vous êtes à mes yeux bien au-deſſus des rois! Ils tiennent du ſort ce que vous tenez de votre propre mérite. Je m'inſtruits tous les jours avec vous, & vos éminentes qualités me découvrent de plus en plus en vous une grandeur vraiment ſurnaturelle.... Pour vous l'avouer, je crois voir deux papes, en vous conſidérant l'un & l'autre. ...

LE NONCE.

Vous avez raiſon à l'égard de monſeigneur le légat, on ne fera que lui rendre juſtice, quand on l'élevera à cette ſuprême dignité. Quant à moi, pere Montalte, je n'y ai pas plus de droits que vous.

LE LÉGAT.

Quoique j'aie été fait cardinal avant vous, vous pouvez devenir pape avant moi. Souvenez - vous de ce paſſage de l'Evangile : *Ultimi primi*. Vous auſſi, pere Montalte, avez également droit à la chaïre de Saint Pierre.

MONTALTE.

Ah monſeigneur, monſeigneur !..Moi? que dites - vous ? Le ſouffle de vie qui m'anime eſt toujours ſur le point de m'abandonner.

LE NONCE.

Telles ſont les prérogatives de l'égliſe. Chacun, en ſoutenant la cauſe du chef, doit toujours penfer qu'il travaille pour lui-même. Quand on eft une fois dans les ordres, on ne fait jufqu'où l'on montera.

LE LÉGAT.

Je ferois curieux, pere Montalte, de voir comment vous iroit un chapeau de cardinal.

MONTALTE.

Monfeigneur, vous en ferez l'expérience quand vous ferez pape.

LE LÉGAT.

Je fouhaiterois le devenir, uniquement pour récompenfer votre mérite d'une pareille diftinction.

MONTALTE, *au Nonce.*

Monfeigneur le Nonce, je vous prie de vous reffouvenir que monfeigneur le légat m'a promis de me coëffer d'un chapeau rouge fitôt qu'il le feroit de la tiare.

LE NONCE.

Vous ferez fatisfaits l'un & l'autre, s'il n'eft befoin là-deffus que de mon fuffrage.

LE LÉGAT.

Pere Montalte, nous vous laiffons fon- ger à ce que le roi vous a demandé. Vous

devez avoir un entretien particulier avec lui.
N'oubliez pas nos inſtructions.

MONTALTE.

Monſeigneur, vous connoiſſez mon dévouement pour le S. Siege. Je mets le
bonheur de ma vie à le ſervir avec zele, &
à me rendre de plus en plus digne de votre
confiance.

LE NONCE.

Nous nous repoſons ſur vous.

SCENE XI.
MONTALTE, *ſeul.*

COURAGE, Montalte ! Te voilà enfin
ſur le chemin des grandeurs. Soutenu par
Rome, acceuilli à la cour d'Eſpagne, je
crois déjà commencer à devenir un homme important. Perſonne ne peut être plus
initié que moi dans le ſecret du cabinet ;
j'en ſuis le premier conſeiller. Tous ces
gens-là ne valent rien, & je ne dois pas
me rendre meilleur, ſi je veux m'avancer.
Allons, Montalte, ſuivez votre deſtinée.
N'avez-vous pas fait vœu d'être pape ? Il
ſeroit plaiſant de voir le pauvre Félix (1),

______

(1) Ainſi il s'appelloit lorſqu'il étoit pâtre.
S'étant attaché à un cordelier conventuel qui ſ

gardant jadis les pourceaux, paroître au
Vatican sous le triple diadême. Eh ! pour-

---

trouvoit en peine du chemin qu'il devoit prendre , il ne le quitta point , & sollicita si vivement pour qu'on le fît étudier , qu'il fallut le
rendre à ses instances. On le revêtit de l'habit
de cordelier. Il devint docteur & professeur de
théologie , puis commissaire-général à Bologne ,
& inquisiteur à Venise. Ayant déplu au sénat ,
il faillit à se faire pendre , & il fut contraint
de s'enfuir de cette ville. Arrivé à Rome , il
changea de caractere ; de brouillon & de pétu-
lant qu'il étoit , il se fit admirer par la complai-
sance & la douceur de son esprit. Il fut nommé
consulteur du S. Office : point de doute qu'il ne
convoitàt le trône pontifical , seul trône ouvert en
Europe aux espérances ambitieuses d'un particulier.
Son disciple & son protecteur ayant obtenu la
tiare sous le nom de Pie V , il fut élevé à la
pourpre romaine. Ce fut alors qu'il commença
ce cours de dissimulation profonde qui voiloit ses
desseins : il affecta tous les dehors d'un vieillard
qui succombe sous le poids des années ; il ne paroissoit occupé que de l'affaire de son salut , & ne
parloit que de sa fin prochaine. Ainsi parmi nous
le malin Voltaire, pour tromper la persécution &
les persécuteurs, se disoit toujours mourant, & tint
ce langage pendant trente-cinq années. Ses ennemis
le crurent , & ce fut là sa sauve - garde. Sixte-
Quint marchoit la tête penchée sur l'épaule, ap-
puyé sur un baton ; & dès qu'on lui parloit, il
répondoit d'une voix foible , interrompue par une
toux qui sembloit devoir l'emporter dans peu de
jours. Grégoire XIII étant mort , les cardinaux
se diviserent en cinq factions, & bientôt ils se

quoi non ? Je me fens plein de force & de
reffources, & le gouvernement du monde
entier ne me feroit point trembler, fur-tout
quand je confidere de près ces cardinaux,
ces papes, ces rois..... Quels pauvres &
ineptes humains ! Quoi, leur nom en im-
pofe à toute la terre ! Oh ! je faurois commander auffi bien qu'eux. Les hommes en
général font bien foibles, il ne faut que
prendre un certain afcendant fur eux, &
cela devient aifé quand on a pour foi l'opinion & la force. Fort bien, Montalte, baiffe-
toi fans ceffe pour mieux t'élever. ... Rê-
vons un peu à l'excommunication de cette
reine d'Angleterre : elle eft fpirituelle, &
fe rit de nos anathêmes ; mais qu'importe ?
nous viendrons à bout d'humilier tous ces
monarques qui doivent hommage à la tiare.

---

déterminerent pour celui d'entr'eux dont la vie
paroiffoit devoir moins durer que le tems d'un
conclave. Mais à peine Sixte-Quint eut-il la tiare
fur la tête, qu'il jeta fon bâton & qu'il entonna
le *Te Deum* d'une voix fi forte, que la voûte
de la chapelle en retentit. Il diftribua les bénédictions avec une légéreté égale à la foupleffe de
fes jambes. Il fit même le goguenard à ce fujet,
& dit : *Naguere je cherchois les clefs du para-*
dis, & pour les mieux trouver je me courbois ;
mais depuis qu'elles font entre mes mains, je
ne regarde que le ciel.

SCENE XII.

Le théatre repréſente une place de Madrid, où le roi doit voir paſſer la proceſſion de l'acte de foi. Les balcons des maiſons, ainſi que les fenêtres, ſont garnis de ſpectateurs. Divers échafauds décorés de ſuperbes tapis ſont occupés par des gens de diſtinction. La foule du peuple eſt répandue dans la place, & contenue par des gardes. Sur le devant du théatre eſt la baluſtrade réſervée pour le roi. On entend les cris de la populace.

BEAL, BURTON, *Capitaines.*

(Ils paſſent ſur le devant du théatre, & ſe placent derriere une colonne.)

BEAL.

VENEZ par ici, Milord; écartons-nous de la foule. Gardez - vous ſur - tout de laiſſer appercevoir la moindre impreſſion de pitié. Nous pourrons dans cet endroit parler plus librement ; mais ſi quelqu'un nous approche, n'oubliez pas de reſter auſſitôt dans le plus profond ſilence.

BURTON.

Quel pays !.... Qu'ai-je vu !.... Mon ſang bouillonne à l'aſpect de tant de ſcenes

révoltantes. Ces bûchers dressés par des prêtres, ces inquisiteurs le crucifix à la main,
la marche lente & sombre de cette procession
funebre, ce chant lugubre mêlé de gémissemens, ces victimes humaines entourées de
flambeaux, & rendues méconnoissables
sous les vêtemens hideux dont on les a
défigurés !..... Un de ces malheureux a
jeté sur nous un regard qui m'a brisé le
cœur : j'ai cru dans ses traits reconnoître un
de mes compatriotes. O mon ami ! si j'en
croyois ma fureur, je fondrois moi-même
sur ces exécrables bourreaux. Que n'ai-je là
seulement trois cents de nos braves Anglois !
Une riviere de sang éteindroit bientôt ces
feux sacrileges, où l'innocence va périr.

BEAL.

Retenez un transport qui dans ce moment
devient aussi dangereux qu'inutile. Réser-
vez-vous pour des occasions illustres & plus
favorables. Cette nation jalouse suscitera
assez contre la nôtre des guerres où vous
pourrez satisfaire votre ardeur & votre courage. Bénissons le Ciel, qui n'a pas permis
que Philippe devînt notre souverain, &
qui, à la place de sa méchante épouse,
nous a donné une reine éclairée qui nous
laisse le libre exercice de notre raison.

BURTON.

Ce beau pays que le fanatisme dépeuple
& tourmente, est néanmoins intéressant par

ce qu'il fut, & par ce qu'il pourroit être : climat heureux, situation avantageuse, productions excellentes, & je n'y vois de toutes parts que des êtres sombres & atrabilaires, que des humains ignoblement défigurés par le froc monacal. L'Espagne tient tous ses biens de la nature, & ne doit ses maux qu'à sa profonde superstition. Que ne dénature pas une volontaire ignorance !

BEAL.

Il y a dans ce royaume quatre cens mille moines ; on y compte onze mille couvens, non compris les paroisses.

BURTON.

Pauvre peuple ! que Dieu te guérisse de cette vermine qui te ronge & t'abrutit !... Mais quelle est cette troupe de gens armés de piques & de mousquets, & accompagnés de fanfares ?

BEAL.

Ce sont les charbonniers qui fournissent le bois pour les bûchers du saint Office. Ils ont droit d'ouvrir la marche de l'acte de foi.

BURTON.

La maudite canaille ! Ils paroissent tout enorgueillis d'un pareil privilege. On ne trouveroit pas chez nous un seul homme, même parmi la lie du peuple qui voulût prêter son ministere à d'aussi honteuses cérémonies. Comment s'appellent ces moines qui marchent après eux ?

B E A L.

C'eft l'ordre dévoué à l'inquifition, comme ayant été inventée par fon fondateur ; & pour tout dire en un mot, ce font les difciples de S. Dominique.

B U R T O N.

Que la malédiction du Ciel tombe fur eux, & frappe tout ce qui tient à ce barbare inftituteur ! Si jamais je rencontrois un vaiffeau ennemi flétri d'un pareil nom, je le ferois fauter fi haut qu'il n'en reparoîtroit jamais une feule parcelle.

B E A L.

Voyez ce grand-d'Efpagne, qui porte au milieu de ces moines l'étendard de leur frénéfie.

B U R T O N.

Ce grand-d'Efpagne a l'air bien miférable ! Quoi, faire parade d'un dévouement ab-folu aux ordres fanguinaires de cette détefta-ble moinerie ! . . . . Mais que fignifient tou-tes ces figures peintes ?

B E A L.

Ce font les effigies de ceux qui font morts dans les prifons ; & les caiffes que l'on porte après, contiennent leurs offemens qui vont être brûlés.

BURTON.

Quelle rage infernale ! Quel délire ! ... Et comment peut-on faire le procès à des restes inanimés ? A quoi sert cette absurde vengeance ?

BEAL.

A confisquer les biens des défunts, & à priver leurs enfans de leur héritage. On a vu déterrer des gens morts depuis dix ans, pour les juger sur des accusations imprévues.

BURTON.

C'est un abyme d'iniquité.... Les voilà, ces malheureuses victimes. ... O ciel ! mon cœur se gonfle ; je ne pourrai rester à cette place.

BEAL.

Ceux que vous voyez marcher les premiers, vêtus d'une robe qu'on appelle *sanbenito*, n'ont commis que des fautes légeres, comme d'avoir blâmé quelques cérémonies. Ceux-là seront seulement fouettés, ensuite jetés sur les galeres.

BURTON.

Autant vaut mourir, je pense.

BEAL.

Les autres qui suivent sont condamnés au feu comme hérériques. On les distingue par ce grand bonnet, sur lequel sont peints des *diables* & des *flammes*. Voyez tous ces moines à la phyfionomie dure & finiftre, qui

les

les obſedent de leurs paroles , pour leur faire abjurer leurs prétendues erreurs.

BURTON.

Le tumulte paroît augmenter.

M. BEAL.

C'eſt peut-être le roi qui arrive. Non? c'eſt l'Inquiſiteur-général , accompagné de tous ſes dignes ſuppôts. Ecartons-nous , car voici ſûrement des eſpions qui viennent à nous pour nous obſerver.

(*Pluſieurs eſpions arrivent précipitamment ,*
& les ſuivent au moment où ils ſe retirent).

SCENE XIII.

SPINOLA, GRANVELLE, LE LÉGAT, LE NONCE, MONTALTE, *Troupe d'Evêques & d'Inquiſiteurs.*

SPINOLA *ſous un dais , portant le livre des loix de l'inquiſition. (A un Inqui-ſiteur).*

LE roi va paroître. Veillez à l'ordre de la marche.

GRANVELLE , *à part à Spinola.*

Dom Carlos nous ſuit toujours... Son air agité m'alarme & m'inquiete. Il eſt en-touré de tous ſes jeunes menins, & j'ap-préhende qu'il ne cherche à nous manquer de reſpect.

SPINOLA.

Endurons tout avec patience, & ne rif-
quons point de caufer une émeute, en pro-
voquant fon animofité. Qui fait fi le peuple ne fe fouleveroit point en fa faveur?
Il vaut mieux fouffrir en attendant le roi,
dont la préfence fera taire le murmure.

SCENE XIV.

DOM CARLOS, *fuivis de fes menins,*
LES ACTEURS PRÉCÉDENS.

DOM CARLOS, *à Spinola & aux autres.*

VOUS paroiffez inquiets de me voir
fi près de vous en ce lieu. Vous favez
combien vos actes barbares me font horreur. C'eft en les contemplant, que je viens
nourrir l'indignation dont je veux un jour
vous écrafer. Prêtres impitoyables, mille
fois plus odieux & plus cruels que les
païens, que les fauvages même accoutumés à fe repaître du fang humain! oui,
j'efpere un jour vous anéantir; fans cette
efpérance, je me ferois tuer à l'inftant
plutôt que de vous laiffer achever vos abominables facrifices.

SPINOLA, *au Légat.*

Je prie votre éminence de ne point fe
fcandalifer de ces difcours.

GRANVELLE, *à Dom Carlos.*

Ah, mon prince! à quel excès ofez-vous

vous porter ! Au moins , craignez le roi.
Le voilà qui s'avance.

D o m C a r l o s.

Craignez vous-mêmes que ce nom sacré ,
à l'abri duquel vous vous rangez aujour-
d'hui ne puniffe dans la fuite les forfaits
commis à l'ombre de fon pouvoir. Non,
rien ne pourra vous fouftraire à ma jufte
vengeance. Je le jure, & vous vous fou-
viendrez de mes fermens.

(Dom Carlos fe retire).

G r a n v e l l e.

Je frémis quand je penfe qu'un malheureux inftant pourroit le rendre maître
de nous.

L e L é g a t.

La religion nous foutiendra toujours ; &
fi vous favez la faire parler , ce fera plutôt
à lui à trembler.

M o n t a l t e.

Nous avons une *bulle* contre ceux qui
uferont feulement de menaces envers un
officier de l'Inquifition. Elle ordonne que
l'infracteur foit non-feulement excommu-
nié , mais encore puni de mort , comme
coupable de *lefe-majefté divine & humaine au
premier chef.* Sur ce point facré , aucune
faute n'eft légere , tout eft crime capital,
& il n'y a ni rangs , ni dignités qui puif-
fent mettre à couvert le coupable.

SPINOLA.

Il faudra repréſenter cela au roi en particulier, & je dépoſerai ſur tout ce qu'il
a oſé dire.

SCENE XV.

PHILIPPE II, RUY - GOMEZ, LE COMTE DE LERME, LE DUC DE FERIA, DOM DIEGUE DE CORDOUE, ET PLUSIEURS GRANDS-D'ESPAGNE.

(*Le roi arrive ſous un dais moins élevé que celui du grand - Inquiſiteur. Il s'avance, ôte ſon chapeau, qu'un grand d'Eſpagne reçoit avec reſpect. Il tire ſon épée, la tient élevée d'une main, & poſe l'autre ſur le livre des loix de l'Inquiſition, que tient Spinola.*)

PHILIPPE II.

A la face de l'univers, je renouvelle ici
la promeſſe inviolable de défendre juſqu'à
mon dernier ſoupir la ſainte Inquiſition.
Je m'engage à détruire quiconque oſera
déſobéir à ſes commandemens ſuprêmes.
Je jure de porter ſoumiſſion à ſon divin tribunal, & de forcer non-ſeulement mes ſujets à ſuivre ſes décrets, mais encore de
me ſervir de l'épée que Dieu m'a donnée,
pour étendre ſon pouvoir par toute la
terre.

S p i n o l a.

Que le Ciel accorde à vos vœux les fuccès qu'ils méritent, pour le falut du monde !
[*La marche commence & fait le tour du
théatre en paſſant devant le roi.*] (*aux condamnés.*) S'il eſt parmi vous quelque hérétique qui veuille faire ici abjuration publique de fes erreurs, & témoigner hautement fon repentir, fa majeſté, par fa clémence infinie, veut bien lui accorder la
grace qu'on l'étrangle avant de le brûler.

(*Les moines difent aux condamnés :*)

U n   M o i n e.

Profitez de cette bonté ; vous n'avez
qu'un inſtant.

A u t r e   M o i n e.
Dites feulement, *je crois.*

A u t r e   M o i n e.

Rien n'eſt plus facile que de dire *je crois.*

U n   V i e i l l a r d   *condamné.*

On a fait mourir mon fils dans les tor-
tures pour le forcer à m'accufer. Otez-
moi vîte de ce monde, où vous refpirez
pour le malheur des humains. Que m'importe le fupplice par lequel vous m'allez
faire périr ? Tous les tourmens feront fup-
portables, pourvu qu'ils m'arrachent de
vos mains.

(*Ce condamné paſſe, ainſi que les autres,
devant le roi.*)

K 3

Un Moine, *à un autre condamné.*

Et vous, ayez pitié de votre ame.

Un Jeune Homme.

Je veux mourir dans la religion de mes peres. (*Il passe.*)

Une Femme.

Non, jamais je n'offenserai Dieu en renonçant à la loi que ma raison a adoptée.

(*Elle passe.*)

Un Autre.

Mon ame m'est plus chere que mon corps ; que celui-ci périsse.

Un Autre.

Dieu nous jugera tous.

Un Moine, *à l'évêque Caralla.*

Mon cher évêque, cédez dans ce moment extrême & terrible ; acquiescez de vive voix au concile de Trente.

Caralla.

Ainsi l'on ose traiter un ancien prélat, l'ami de la vertu & de la vérité ! Quelle affreuse révolution s'est faite dans l'église ! Je vois ses dignités en proie à des usurpateurs ligués entr'eux pour perpétuer l'erreur & la tyrannie. Allez, faux ministres ; ce n'est pas moi que vous pourrez corrompre ; je vous connois trop bien, & je fais encore mieux quels sont mes devoirs. Et toi aussi, ô roi ! tu peux être le témoin tranquille des tourmens que tes sujets endurent ! fauve-les de cette cruelle mort. Tu n'ignores pas qu'ils sont innocens.

Philippe II.

Non, non... Je dresserois moi - même le bûcher de mon fils, s'il étoit aussi criminel que vous tous.

Un des Condamnés.

Dieu nous attend devant son tribunal. Tyran, crains sa justice.

Une jeune Fille.

Moi ; je ne suis condamnée que pour n'avoir pas voulu condescendre aux desirs infâmes d'un inquisiteur. Mais j'aime mieux à présent périr avec vous dans les flammes, que de m'avouer lâchement de la même croyance que ces monstres-là.

Un Autre, *en passant, dit au Roi* :

Tu nous persécutes, toi qui devrois nous protéger ; toi que nous n'avons jamais offensé ! Roi sanguinaire & superstitieux, il est au ciel un autre tribunal, devant lequel tu paroîtras bientôt ; crains la vengeance du Dieu que tu feins d'adorer.

Un Autre, *au Roi.*

Infâme hypocrite ! Dieu te punira.

Un Autre.

Grand Dieu qui connois les cœurs, reçois mon ame, & juge-nous !

UN AUTRE.

Roi cruel, tu rendras compte à Dieu de nos tourmens.

RUY-GOMEZ.

Ils blasphêment contre sa majesté, ainsi qu'ils ont fait contre la Divinité

PHILIPPE II.

Je souffre toutes leurs injures avec la patience d'un bon catholique. Je leur pardonne, & les délivrerois même, si je ne devois le sacrifice de ma pitié à l'intérêt sacré de la religion. Mais je me dépouille pour l'amour de Dieu, de tout ce qui peut m'attacher à l'humanité.

(Spinola & tous les inqusiteurs ferment la marche de la procession.)

SCENE XVI.

PHILIPPE II & *sa suite*, ELISABETH, LA COMTESSE D'EGMONT *avec ses onze enfans*, LE BARON DE MONTIGNY, DOM CARLOS & *sa suite*.

(La comtesse d'Egmont, en arrivant, se jette aux pieds du roi, ainsi que ses onze enfans.)

ELISABETH.

J'AMENE à vos pieds la comtesse d'Egmont. Elle arrive de la Flandre avec ses enfans, pour implorer la protection de votre majesté contre les violences du duc d'Albe.

LA COMTESSE.

Sire, vous voyez une femme désolée.... Mes enfans vous redemandent leur père injustement emprisonné. Nous réclamons votre justice. Mon époux fut toujours fidele à votre majesté.

PHILIPPE II.

Vous auriez dû attendre mes ordres, madame, & sur-tout ne pas venir aussi publiquement. Mais calmez-vous, & par-lez avec assurance.

LA COMTESSE.

Daignez, Sire, avoir égard à la frayeur où je suis: le trouble qui m'agite m'empê-che de m'exprimer. Ah! jugez de mes ter-reurs. Cazambrot, seigneur de Berkessel & secrétaire du comte mon époux, a été ap-pliqué à la torture la plus cruelle, pour le forcer de charger son maître & son ami. Quand son corps épuisé parut prêt à suc-comber dans les tourmens, le duc d'Albe, furieux de n'avoir pu arracher de lui aucun aveu pour pouvoir condamner mon époux, le fit écarteler.

DOM CARLOS, *à part.*

Une atrocité pareille n'a point d'exemple!

(*Philippe II le regarde, & il se tait.*)

LA COMTESSE.

Sire, mon époux est prêt d'être condamné par un conseil de sang, composé d'hommes obscurs, tous vendus au duc d'Albe, ce rival implacable, envieux des lauriers dont le comte d'Egmont s'est couvert en combattant pour vous.

DOM CARLOS.

Mais, comme chevalier de la Toison d'or, il doit être jugé par ses pairs, & ne peut être emprisonné que par leur autorité & de leur consentement. C'est le privilege autenthique & sacré que la loi fondamentale de son pays assure aux citoyens même du dernier ordre.

PHILIPPE II, *à Dom Carlos.*

Retirez-vous.

(*Dom Carlos se retire avec un mouvement de contrainte.*)

ELISABETH.

Prince . . . .

PHILIPPE II, *à la Comtesse.*

Vous n'ignorez pas, madame, les quatre chefs d'accusation portés contre le comte d'Egmont & le comte de Horn.

LA COMTESSE.

Croyez, Sire, qu'ils n'ont jamais conçu une pensée préjudiciable à votre autorité. Ils ont cherché à punir les séditieux. S'ils ont accordé en quelques endroits aux protestans la liberté de s'assembler, c'étoit pour les appaifer & les empêcher de fe porter aux derniers excès, c'étoit pour rétablir la paix dans les Pays - Bas. S'ils font coupables, ce n'eft que de s'être trompés fur les moyens.

PHILIPPE II.

J'examinerai cela, madame, & je vous ferai donner réponfe.

LA COMTESSE.

Ah, Sire! pardonnez; mais je frémis.... Les momens font précieux; car que ne fe permettront-ils pas pour perdre mon époux & le faire périr?... O reine! daignez intercéder pour nous.

ELISABETH.

Sire, trop de larmes & trop de fang ont coulés & coulent encore dans ces malheureufes provinces. Au milieu de tant d'exécutions féveres, donnez au moins une feule marque de clémence en faveur d'un fujet qui expofa plus d'une fois fa vie pour votre fervice.

PHILIPPE II.

Madame, j'ai dit que je ferai donner réponfe après avoir confulté mon confeil.

MONTIGNY.

Sire, c'eft au nom des états que je viens réclamer leurs droits ouvertement violés. Les loix qui ont rendu le duché de Brabant héréditaire à la couronne, ont exigé de vous le ferment facré de les maintenir

dans leurs privileges. Les Flamands ont toujours prouvé combien ils étoient jaloux des
prérogatives de leur pays; & Charles-Quint
lui-même, quoique maître abſolu, les a
reſpectées. Que deviendroient effectivement
ces peuples ſous une autorité oppreſſive ou
tyrannique ? Votre majeſté, avec tout le
génie poſſible & les meilleures intentions,
ne peut répondre que dans ſes ſucceſſeurs
il ne s'en trouve quelqu'un qui abuſe du
pouvoir illimité. Les Flamands ne s'y ex-
poſeront jamais : la révolte & la dépopula-
tion dévaſteront plutôt ces provinces.

Philippe II.

Il faut me laiſſer le ſoin de remédier à
ces inconvéniens, s'ils arrivent. J'abolirai
tout ce que je trouverai nuiſible ; mais je
veux que l'on commence par m'obéir. La
premiere choſe qu'on devoit faire étoit de
me montrer de la ſoumiſſion, & pour effacer cette tache d'héréſie dont ils ſont ſouil-
lés, payer ſans réſiſtance & ſans murmure
les nouvelles taxes. Ils doivent ſe trouver
heureux de ce que je ne leur demande que
ce tribut modéré.

Montigny.

J'oſe repréſenter à votre majeſté qu'il eſt
néceſſaire pour ſes intérêts de recourir à des
moyens pacifiques. La réduction de ce pays
n'eſt pas ſi aiſée qu'on veut vous le faire
croire : on ne doit eſpérer de ſoumettre les
Flamands, ni par la force, ni par la ſéduc-

tion. Ils sont fermement résolus à soutenir leurs droits & sur-tout la liberté de conscience. Le nombre des protestans est plus formidable qu'on ne pense. Je vous en conjure, Sire, ne risquez point de ternir la gloire de vos armes dans la Flandre, ou d'en faire un désert. Le peuple de la Zélande refuse déjà de travailler aux digues, & préfere de laisser son pays s'engloutir sous les eaux de la mer, plutôt que d'y souffrir des troupes Espagnoles.

P H I L I P P E I I.

Baron, vous soutenez un parti bien imprudent. Vous en aviez un meilleur à prendre, c'étoit de vous attacher au cardinal Granvelle, & de seconder avec zele l'établissement de l'Inquisition dans la Flandre; mais il en est tems encore.

M O N T I G N Y.

Qu'il me soit permis d'avouer à votre majesté combien j'ai en horreur tout ce qui peut m'écarter des sentimens glorieux que m'ont transmis mes ancêtres. Ma vie est en vos mains : j'ai refusé de prendre les armes contre vous ; mais je ne commettrai jamais le crime infâme de trahir la cause de ma patrie & de vendre mon bras contre mes concitoyens.

P H I L I P P E I I.

Je vois que toute la noblesse des Pays-Bas s'est liguée avec le prince d'Orange.

MONTIGNY.

Sire, le prince d'Orange, comme un des principaux membres des états du pays, prétend que son serment lui impose l'obligation indispensable de maintenir les droits du peuple. C'est ainsi que pense toute la noblesse. J'ai prévenu votre majesté de tout ce qui arrive : je me dévoue encore pour la ramener, s'il est possible, à des voies de conciliation.

PHILIPPE II.

Nous verrons.

LA COMTESSE.

Hélas, Sire, puis-je respirer !.. Un seul mot de votre majesté me confirmeroit...

ELISABETH.

Faites pour moi cet effort ; je ne l'oublierai de la vie. Voyez les transes mortelles de cette famille tremblante, que vous pouvez soulager d'une seule parole.

PHILIPPE II.

Il suffit, Madame ; votre commisération excite la mienne... Quand l'intérêt du Ciel m'empêche de l'écouter, j'en fais avec peine le sacrifice ; mais soyez tranquilles... Suivez-moi, baron de Montigny.

LA COMTESSE ET SES ENFANS *ensemble.*

Nous vous bénirons jusqu'à notre dernier soupir.

SCENE XVII.

ELISABETH, LA COMTESSE ET SES ENFANS.

LA COMTESSE.

AH, madame ! votre cœur s'eft montré fenfible, & c'eft vous qui fauverez mon époux. Nous vous garderons une reconnoif-fance éternelle : daignez joindre à vos bontés celle de protéger un pays qui va être entié-rement dévafté. Les cruautés du duc d'Albe font inouies : il n'y a perfonne d'innocent à fes yeux ; l'attachement même à la foi catho-lique n'eft plus une fauve-garde contre fon reffentiment. J'ai vu périr en un feul jour dix-neuf gentilshommes par la main du bourreau, & près de deux mille habitans livrés au dernier fupplice, fans diftinction d'âge ni de fexe. De vénérables vieillards traînés par leurs cheveux blancs fur l'écha-faud ; des femmes enceintes appliquées à la torture, & jufqu'aux enfans maffacrés fans pitié pour caufe d'héréfie. Plufieurs qui pro-teftoient être attachés à l'églife romaine & n'avoir affifté qu'une feule fois aux affem-blées, ont été néanmoins fuppliciés. Et quant à ceux qui perfiftoient dans leur croyance, il n'eft point de douleurs que l'ingénieufe barbarie des Efpagnols ne leur ait fait endurer. Ils ordonnoient au bourreau d'appliquer un fer chaud fur leur langue, pour les empêcher de rendre témoignage à leur religion au milieu des flammes. Ils les faifoient enfermer dans une machine inventée pour aggraver leurs tourmens & pour étouffer leurs cris.

ELISABETH.

Arrêtez, Madame ; je ne puis fupporter ce récit. Je ne le croirois jamais, s'il ne fortoit de votre bouche. J'en ai le cœur navré. Voilà donc les maux que j'appréhendois ! Ils font parvenus à leur comble avant que j'aie pu tenter d'en arrêter les progrès. Mais je fauverai votre époux. Oui, je fais qu'il fut auffi brave que fidele.....

SCENE XVIII.

ELISABETH, LA COMTESSE ET SES ENFANS, DOM CARLOS.

(*Sa fuite refte un peu éloignée, faifant un cercle dans le fond, de maniere que perfonne ne puiffe approcher.*)

DOM CARLOS, *avec tranfport.*

JE reviens vers vous, pénétré d'horreur, & la défolation dans l'ame... Famille déplorable ! à votre afpect, je fens encore augmenter ma fureur.

ELISABETH.

A quelles extrêmités vous abandonnez-
vous,

vous, Prince! Pourquoi vouloir ajouter à tant de maux la terreur où me jettent vos transports?

DOM CARLOS.

Il n'est plus tems, Madame; j'ai trop balancé. Je me dégage de ce que je vous ai promis... Que ne suis-je à cette heure au milieu des Flamands! Une démarche hardie auroit sauvé la gloire de mon pere & prévenu une foule de crimes. Je les vengerai au moins, si je n'ai pu les prévenir. L'exécuteur de tant de cruautés ne demeurera pas long-tems impuni, & l'exemple que j'en veux faire effraiera quiconque seroit tenté de l'imiter.

ELISABETH

Et c'est devant moi que vous osez publiquement vous laisser emporter à des projets aussi téméraires! Ah, Prince! voyez tous ceux qui vous entendent.

DOM CARLOS.

C'est leur cause que j'embrasse. C'est leur patrie que je veux sauver.... Ils me devront leur pere. Comtesse infortunée! je vous rendrai votre époux.

ELISABETH.

Prince, vous allez le perdre! Vous précipiterez ces innocens dans un nouvel abyme de malheurs. Vous ne pouvez faire un pas, dire un seul mot, sans les exposer à perdre le fruit de mes tentatives & de mes prieres auprès du roi. Laiſſez-moi ſeulement eſſayer de le faire revenir par la voie de la perſuaſion ; mes inſtances , mes larmes toucheront plutôt ſon cœur que vos tranſports imprudents.

DOM CARLOS.

Non , non... Je vais en ce moment tout diſpoſer pour mon départ..... Ah , Princeſſe ! vous ignorez ce que j'éprouve. Mon cœur déchiré ne ſe poſſede plus. L'indignation étouffe ma voix. Une trop juſte colere....

ELISABETH, *à la Comteſſe.*

Madame , joignez-vous à moi. C'eſt l'aſpect de votre ſituation qui porte ſon ame généreuſe & ſenſible à de pareilles extrêmités. Conjurez-le de revenir à lui. Uniſſez-vous à moi pour le prier de ne point anéantir le dernier eſpoir qui vous reſte.

(*La comteſſe d'Egmont environne avec ſes enfans Dom Carlos qui veut ſe retirer , & lui ferme le paſſage.*)

DOM CARLOS.

Que dites-vous ?... Que faites-vous ?...

LA COMTESSE.

O prince dont l'ame généreuſe compatit à nos maux , vous notre conſolation , notre eſpoir , ne vous expoſez point pour nous , & fermez les yeux pour ce moment ! Nous voulons tout attendre de la volonté du roi , de ſa clémence.

DOM CARLOS.

De sa clémence !....

LA COMTESSE.

Oui, les prieres de la reine pourront le fléchir ; j'ose l'espérer.

DOM CARLOS.

Infortunée, quelle est votre erreur ! Mais les momens sont précieux. Laissez-moi ; ne me retenez plus.

ELISABETH.

Comment, prince, vous ne reconnoissez plus ma voix ? Rien ne peut vous retenir ? Vous aimez ces pauvres enfans, vous chérissez leur pere. Eh ! c'est sa tête que vous allez risquer.

DOM CARLOS.

Je vole au contraire pour détourner le coup ; craignez de me retenir.

LA COMTESSE.

Vous me faites frémir.

DOM CARLOS.

Apprenez que dans l'instant que Montigny vous a quittée, au moment même où le roi l'appelloit à lui, on l'a arrêté. Il est à cette heure dans les cachots de l'Inquisition.

LA COMTESSE, *se jetant dans les bras de ses enfans.*

Est-il possible ! Grand Dieu ! nous sommes perdus.

DOM CARLOS, *à la Reine qui l'arrête.*

M'arrêterez-vous encore ici ? Je vous dis que le roi a signé la mort de son époux, que je viens d'être instruit qu'il a fait partir son arrêt au moment même où il vous quittoit.

LA COMTESSE.

Mon époux ! .... Je me meurs !...

ELISABETH.

Ciel, qu'entends-je !....

TOUS LES ENFANS.

Mon pere ! ô mon pere !

DOM CARLOS,

Mes amis ! c'est le mien qui devient son bourreau. Mais j'espere avoir le tems de prévenir cette exécution barbare ; comptez qu'elle ne se fera pas. Non, juste Ciel, je te prends à témoin.... elle ne se fera pas... Adieu. Je vole à son secours. (*Il sort.*)

SCENE XIX.

ELISABETH, LA COMTESSE, ET SES ENFANS.

ELISABETH.

IL ne m'écoute plus... Je vais trouver le roi ; j'éprouverai s'il n'est pas entiérement inflexible. Et vous, madame, songez combien il importe de vous contenir, & de ne rien laisser échapper. (*La Reine sort.*)

LA COMTESSE *se retirant, appuyée sur*
ses enfans.

O mes enfans ! fuyons, courons à votre
infortuné pere !.... Hélas ! pourrons-nous
arriver assez tôt pour recevoir son dernier
soupir !

SCENE XX.
PHILIPPE II, ELISABETH.

ELISABETH.

VOTRE majesté semble étudier tous les
moyens d'éviter ma présence. En vain je vous
fais supplier de m'accorder un moment d'entretien ; vous me réduisez à vous suivre
pour pouvoir l'obtenir.

PHILIPPE II.

Madame, occupé d'affaires multipliées
& pressantes, l'intérêt de l'état exige que j'y
apporte mes soins sans réserve.

ELISABETH.

Ah ! c'est plutôt votre inflexibilité, qui
vous fait redouter jusqu'à mes larmes. Vous
avez prévu de qui j'allois implorer la grace.
C'en en fait ; l'infortuné comte d'Egmont,
le vainqueur de Saint-Quentin, va subir son
arrêt ; & vos ordres sanguinaires sont toujours si promptement suivis, que rien dans
ce moment terrible ne peut le sauver. Hélas !
son épouse désolée, ses malheureux enfans

n'arriveront que pour expirer de douleur
fur fon corps mutilé. Et Montigny !.. (*Le
Roi paroît ému.*) Mais ce ne font point des
reproches fuperflus que je viens vous faire.
C'eft votre repos, votre fûreté, qui m'a-
menent auprès vous. Votre deftinée dépend
peut-être de ce que j'ai à vous dire ; & votre
intérêt perfonnel me donne un droit puiffant
pour vous forcer à m'écouter.

PHILIPPE II, *vivement & d'un air inquiet.*

Auriez-vous découvert quelque complot ?
Parlez, madame ; ne me cachez rien. Mon
exiftence eft liée à la vôtre même. Comptez
fur une reconnoiffance éternelle.

ELISABERH.

Oui, vous devez redouter qu'on n'attente
à vos jours. Tous ceux dont le fang a coulé
par vos ordres ne font pas fans vengeurs. Ils
ont des freres, des amis, des enfans. Le
défefpoir peut les aveugler & les rendre furieux. Je n'ofe plus regarder dans la foule ;
je crains d'y rencontrer un orphelin qui me
redemande fon pere. La trifteffe & l'inquiétude nous fuivent ; vous ne fauriez en cacher
les marques extérieures. Non, vous n'êtes
pas en paix avec vous-même. En vain vous
affectez de voiler fous un air majeftueux
les remords qui déchirent votre cœur. Vous
avez beau vouloir les écarter, ils s'y amaffent
de plus en plus. Vous n'êtes pas heureux,
il s'en faut.

P h i l i p p e I I.

C'eſt la malignité des hommes qui m'a toujours empêché de l'être. Un eſprit de contradiction s'oppoſe ſans ceſſe à mes volontés, & traverſe mes projets. Je ne vois que des ſujets rebelles qui attentent à borner ma puiſſance, qui murmurent & ſe révoltent au lieu d'obéir.

E l i s a b e t h.

Sire, chaque ſujet auroit-il perdu le droit d'examiner le chef qui lui commande ? En recevant vos ordres, il juge en lui-même s'ils ſont équitables : comment renonceroit-il à ſa penſée ? Le deſir du bien-être eſt en lui comme en vous. L'accord naturel eſt que vous ſoyez heureux tous les deux. Si vous l'êtes à ſes dépens, votre autorité lui devient à charge. Alors il peut murmurer, ſe plaindre, c'eſt-à-dire, vous faire entendre qu'il ſouffre. Que lui importent votre magnificence & vos conquêtes, s'il ſoupire dans l'oppreſſion ? Eſt-il un ſouverain qui oſât dire à ſon peuple : je veux que tu ne travailles que pour moi, que tu ne penſes que comme moi ? Non, le ſpécieux prétexte de l'utilité publique eſt toujours l'argument préliminaire. Si vous vous trouvez contredit, c'eſt que les droits ſacrés de vos peuples ſont léſés ; car ce qui tend au bien public eſt toujours reçu favorablement du ſujet. Il ne murmure point alors, parce qu'il a le fentiment vif de tout ce qui contribue au bien général.

PHILIPPE II.

Vous avez, madame, une maniere de penfer bien peu conforme à votre élévation. Vous ignorez, je le vois, quels font les droits de la fouveraineté, & fur quel fondement on doit la foutenir. C'eft à moi feul qu'il appartient de bien connoître les pénibles fonctions de la royauté.

ELISABETH.

Il me femble qu'il n'eft pas fi difficile de régner en paix. Ne point envier les poffeffions de fes voifins, protéger jufqu'aux derniers de fes fujets, plutôt que d'en forcer d'autres à le devenir, c'eft, je crois, affez d'occupations pour un roi qui veut fe faire chérir fur la terre. C'eft pour leur bien, dites-vous, que vous forcez les Flamands à fe foumettre. Quel bien, jufte ciel, que celui qui commence par exterminer cent mille hommes ! Et peut-être un jour quelqu'une de ces malheureufes victimes eût-elle rendu à votre majefté plus de fervices que les exécuteurs qui fe font gloire d'ajouter à vos féverités.

PHILIPPE II.

On voit bien, madame, que vous avez été élevée dans une cour inconféquente & frivole, où, à l'ombre de l'irréligion, fe font gliflées des opinions populaires. De pareils fentimens ne conviennent point à

ceux qui font placés fur un trône. On ne
vient jamais à bout d'un peuple par la douceur : c'eft avec une verge de fer qu'il faut
le conduire ; & celui qui le ménage, devient tôt ou tard victime de fon indulgence.
La race humaine tient toujours de fon origine corrompue... Il faut févir fans ceffe,
pour l'empêcher de retourner au penchant
qui l'entraîne à fa perverfité naturelle. Plus
le peuple fent le poids de l'autorité, plus
il eft foumis & tranquille.

ELISABETH II.

Voilà les idées que vos inftituteurs vous
ont inculquées dès l'enfance. De fombres
théologiens ont coloré votre efprit de la
teinture du leur. Voilà, Sire, la fource de
vos peines & de vos chagrins ; vous en par-
tagez l'amertume avec ceux qui vous environnent : on ne vous enfeigna qu'à avoir
peur de vos fujets, & non à les connoître.
Vos yeux fafcinés n'ont vu les hommes que
comme des efclaves qui devoient ramper
fous votre joug. Eft-ce donc une gloire de-
firable que de commander à des être timides
& tremblans ? Que vous revient-il à cette
heure de tant de fupplices ? Les impréca-
tions de ceux qui furvivent, une haine qui
ne s'éteindra jamais. Ah ! Sire, rendez-vous...
Songez que la clémence eft préférable à la
rigueur. Il eft un moyen fûr d'effacer ces
taches fanglantes, de recouvrer l'amour de
vos peuples, & de vous affurer dans l'avenir une renommée glorieufe. Puniffez le duc

d'Albe par une difgrace éclatante. Il a outre-
paffé vos ordres, & votre indignation doit
être le prix de fes excès. Gardez-vous de les
approuver. Faites appeller Dom Carlos. D'un
feul mot, vous vous rendrez votre fils. Char-
gez-le d'aller tout pacifier. Mais craignez de
différer; les momens font précieux.

PHILIPPE II.

Je ne m'attendois pas, je l'avoue, madame, à de pareils avis. Voilà donc ces
confeils qui vous fembloient fi preffans ?

ÉLISABETH.

Ils font beaucoup plus importans que vous
ne l'imaginez : c'eft le feul remede aux maux
préfens. Dom Carlos, je le fais, n'a point
votre confiance, vous doutez de fon cœur...

PHILIPPE II.

J'invoque tous les jours le Seigneur, afin
qu'il daigne faire rentrer en lui-même un fils
dont l'opiniâtreté comble ma vie d'amertume.

ÉLISABETH.

Ah ! Sire, vous avez le pouvoir de faire
renaître en lui la tendreffe filiale ; ayez-en
le defir fincere, & vous le verrez bientôt
tel que vous voulez qu'il foit.

PHILIPPE II.

Le Ciel m'eft témoin que je n'ai rien tant
à cœur. Je fais tout pour le rendre auffi
pieux, auffi dévot que je le fuis.

ÉLISABETH.

Abandonnez-lui, Sire, ce qui regarde fa
confcience. Son caractere différent du vôtre

en vaudra-t-il moins pour ne pas affecter publiquement l'extérieur de la piété ? Il faut à Dom Carlos un aliment qui convienne au feu de sa jeunesse, & qui nourrisse son cœur passionné. Je vous le répéte encore, Sire, le duc d'Albe, Ruy-Gomez, Granvelle, Spinola sont des monstres que vous ne devriez pas préférer à votre fils. Ils sont chargés de la malédiction des peuples. Feignez seulement de les disgracier ; je ne demande pour garant de ma sincérité que les transports de la joie publique. Faites appeller vos ministres, & parlez devant eux à Dom Carlos avec des sentimens paternels. A l'instant que vous lui tendrez les bras, étudiez leurs regards : leur air chagrin, leur contenance craintive & tremblante vous dévoileront subitement leur odieuse & perfide inimitié. C'est alors que vous découvrirez la trame abominable des calomnies qu'ils ont forgées contre votre propre sang.

PHILIPPE II.

Modérez-vous, madame, je vous demande un délai pour réfléchir attentivement sur tout ce que vous m'avez exposé.

ELISABETH.

Ah ! Sire, votre froideur, ce calme apparent m'accablent. Je préférerois l'emportement & la colere.

PHILIPPE II.

Moi, je pese tout en silence & avec modération : l'on doit toujours se défier de soi-même. Vous avez besoin, madame, d'instruction plus amples ; faites appeller auprès de vous quelque savant théologien. Ecoutez plus souvent les avis du cardinal Granvelle & de Spinola : vous entendrez. . . .

ELISABETH.

Quelle confiance puis-je avoir dans ceux qui ont osé juger d'anciens prélats, condamner leur doctrine plus humaine que la leur, les faire expirer au milieu des supplices ?

PHILIPPE II.

Cette affaire, madame, n'est point de ma compétence ; c'est au saint Office seul qu'il appartient de juger l'hérésie. Quand l'église prononce en fait de dogmes, les rois doivent se taire. Refuseriez-vous de soumettre les foibles lueurs d'une raison trompeuse à ses décrets suprêmes ?

ELISABETH.

Je ne m'écarte point, je crois, des principes de la religion dans laquelle on m'a élevée. Accoutumée dès l'enfance à croire tout ce qu'elle enseigne, je m'attache uniquement aux maximes morales qui me sont propres ; je me nourris de l'esprit de sa loi : mais je la trouve bien éloignée d'ordonner la violence. Des leçons de patience, d'amour & de paix, voilà les seules armes qui la font triompher. Toutes les puissances du monde ne peuvent rien sur le cœur de l'incrédule qui sait feindre, ou sur celui qui brave les tourmens & la mort.

PHILIPPE II.

Qu'entends-je ! Vous, reine d'Espagne &
mon épouse, vous osez ainsi défendre la
cause de ceux que la religion regarde comme
exclus de son sein ! Ah, madame, faut - il,
pour surcroît de chagrin, que j'aie la douleur de vous voir livrée à des sentimens aussi
peu orthodoxes !

ELISABETH.

Quand je parle, Sire, mon ame est sur
mes levres. Mais je m'écarte de ma demande.
C'est pour votre fils que je viens vous supplier ; c'est votre gloire & la sienne que
j'ai à cœur : lui refuserez-vous toujours cette
confiance, cette douce tendresse, qui feroit
son bonheur & le vôtre ?

PHILIPPE II.

On ne gouverne point les royaumes par
les mouvemens de son cœur, mais par les
maximes d'état, & d'après la décision de
ceux qui sont consommés dans les regles
de la politique.

ELISABETH.

Vous voulez donc descendre au tombeau
sans avoir ressenti au fond de votre cœur
la satisfaction que produit la clémence. Ah !
Sire, faites-en l'épreuve une seule fois. Appellez Dom Carlos, commandez-lui de porter vos bienfaits à des peuples accablés sous
le poids de la plus cruelle tyrannie. Faites
changer leurs gémissemens en des cris de
joie & d'alégresse. Apprenez à votre fils

que c'eſt par ces actes de bienfaiſance que vous voulez qu'il commence ſa carriere. Les larmes de la reconnoiſſance dont il arroſera vos mains, vous feront connoître ſi ſon cœur eſt ſenſible & peut avoir droit à vos bontés. Vous partagerez la gloire & l'amour qu'il ira s'acquérir en votre nom.

Philippe II.

Je vous le répete, madame, jamais je ne me laiſſe arracher, par les ſupplications ou les larmes, ce que je ne dois accorder qu'après avoir mûrement réfléchi.

Elisabeth.

Vos miniſtres ont l'art de vous décider plus promptement. Ils attendent avec impatience le moment de détruire la foible impreſſion qu'auroit pu faire ſur vous ce que je viens de vous dire.

Philippe II.

On doit garder un ſilence reſpectueux envers ceux qui ſont attachés à ma perſonne & qui s'empreſſent d'augmenter ma puiſſance. Ils ne doivent rendre compte qu'à moi, comme je n'en dois qu'à Dieu ſeul... Mais, madame, en ce moment...

Elisabeth.

Je vous entends... Il faut que je vous quitte ſans avoir rien obtenu. J'obéis, Sire, quoique remplie d'inquiétude.

Philippe II.

Vous devez prendre plus de confiance

en ma juſtice, madame... Soyez tranquille; repoſez-vous entiérement ſur ma ſageſſe.

ELISABETH.

Après tout ce que je viens d'expoſer à votre majeſté, ſi elle n'apporte un prompt remede à tant de maux, ce n'eſt plus ſes miniſtres, mais elle ſeule, qu'il faudra accuſer.

PHILIPPE II, *la reconduiſant d'un air hypocrite.*

Qui prend les intérêts du Ciel, eſt tou-jours ſûr de réuſſir. Comme c'eſt la religion qui me guide & que je défends, Dieu me protégera ; il eſt au-deſſus de tout. (*Eliſabeth revient pour parler encore à Philippe ; mais ſaiſie d'effroi à ſon regard, elle recule interdite & tremblante.*) Que voulez - vous encore ?

ELISABETH, *avec douleur.*

Ce que je veux !.. Vous me faites frémir !

PHILIPPE II.

Mais d'où vient cet effroi ? Qu'avez-vous ?

ELISABETH, *ſortant avec la démonſ-tration du plus grand déſeſpoir.*

Ce que j'ai !... La mort dans le cœur.

SCENE XXI.

PHILIPPE II, *seul.*

DE s larmes! & qu'elle s'efforçoit de ne pas répandre!... J'ai pénétré son cœur. Il est toujours à Dom Carlos, & sa haine est pour moi. Parmi ce sexe, je n'ai pas encore trouvé un seul objet qui m'aimât pour moi-même. Les unes ont dissimulé par devoir, les autres par intérêt. Toutes m'ont paru fausses, & j'ai toujours fini par les détester.

(Philippe va s'asseoir. Les portes s'ouvrent.)

SCENE XXII.

PHILIPPE II, GRANVELLE.

PHILIPPE II.

CARDINAL, vous avez reçu des nouvelles de France. Comment vont les troubles dans ma bonne ville de Paris?

GRANVELLE.

Sire, tout se prépare sourdement pour le massacre général des hérétiques qui son dans ce royaume. Ils ont posé les armes, & sont entièrement séduits par les conditions avantageuses de la paix que Charles IX vient de leur jurer. Ce jeune roi de
France

France fait déjà diffimuler à merveille. Son peuple s'imagine qu'il va vous faire la guerre & fecourir le prince d'Orange.

Philippe II.

Il faut que le cabinet de France ne perde pas de tems pour mettre à profit cette erreur, femée fort à propos & felon nos conventions. Charles IX peut envoyer quelques corps de fes meilleures troupes proteftantes, comme pour fe joindre à celles du prince d'Orange ; & faifant prévenir le duc d'Albe du chemin par où elles doivent paffer, on dreffera des embufcades de maniere qu'elles feront immanquablement taillées en pieces fans qu'il paroiffe y avoir de fa faute.

Granvelle.

Oh, miraculeufement trouvé ! Je vais faire parvenir fur-le-champ ces importantes inftructions. A votre majefté en appartient tout l'honneur ; c'eft vous, Sire, qui m'avez encore donné l'idée du fameux plan d'exterminer d'un feul coup tous les hérétiques des deux royaumes. Je n'ai fait que l'arranger avec le cardinal de Lorraine au traité de S. Quentin, & nous avons fuivi vos lumieres à l'entrevue de la reine-mere & du duc d'Albe à Bayonne. Nous touchons au moment fortuné où l'églife romaine & votre majefté n'auront plus d'ennemis. Ce coup eft d'autant mieux imaginé, qu'il affoiblit la France, en la plongeant

dans l'horreur d'une guerre civile , & la
rend à jamais l'ennemie irréconciliable de
l'Angleterre & des autres puissances du Nord
qui pourroient lui devenir alliées. Voilà
ce qu'on peut appeller un chef - d'œuvre
de politique.

PHILIPPE II.

Cardinal, ce massacre de Paris fera tirer
le canon à Rome, n'est-ce pas? Pour moi
je récompenserai magnifiquement le courier
qui m'en apportera la premiere nouvelle.
Mais, dites-moi, les agens contre Elisabeth
d'Angleterre sont-ils prêts?

GRANVELLE.

Oui, Sire ; ils se disposent pour agir
promptement, & sont bien déterminés.
Le prêtre Nelson & un médecin nommé
Lopès se font joints à Story & à Ridolphy.
Ils espèrent avant peu fomenter & susciter
une révolte dans Londres, sous prétexte
de religion, & se défaire de la reine, s'il
est possible.

PHILIPPE II.

Prévenez mon ambassadeur, qu'aussi-tôt
que l'un d'eux aura réussi, il vienne recevoir sa récompense. Mais quel est celui qui
se présente ?

GRANVELLE.

C'est un jeune homme qu'on a disposé
contre le prince d'Orange.

PHILIPPE II.

Dites-moi son nom, son état.

GRANVELLE.

Il s'appelle Sauregui; il a été élevé dans un couvent.

PHILIPPE II.

De quel pays?

GRANVELLE.

Originaire de Biscaïe.

PHILIPPE II.

Son caractere?

GRANVELLE.

Mélancolique.

PHILIPPE II.

Ah, bon!

GRANVELLE.

Il est zélé pour la religion jusqu'au fanatisme. Le jacobin qui le conduit en a fait la découverte dans la confession. Il fera tout; mais il a besoin d'être entiérement déterminé. Un seul mot de votre majesté le décidera.

PHILIPPE II.

Qu'il avance.

SCENE XXIII.

**PHILIPPE II, GRANVELLE, TIMER-
MAN, SAUREGUI.**

PHILIPPE II.

ÊTES-VOUS l'homme inspiré par
la grace ? Seriez-vous assez heureusement
prédestiné pour vous élever au rang des
défenseuts de la religion, & mériter d'être
un jour parmi les saints martyrs dont elle
célebre la fête ?

SAUREGUI.

Sire, je sais que je périrai. La seule chose
que je demande, c'est que vous fassiez prier
Dieu pour le repos de mon ame.

TIMERMAN.

Vous êtes assuré du bonheur éternel, si
vous parvenez à ôter la vie au prince
d'Orange.

SAUREGUI.

Eh bien, je vous supplie de secourir
mon pauvre pere dans sa vieillesse.

PHILIPPE II, *avançant quelques pas &
lui donnant sa main à baiser.*

Je vous le promets, soyez tranquille.
Allez ensemble.

SCENE XXIV.

PHILIPPE II *seul, feuilletant des papiers.*

PRINCE audacieux! tu penses échapper à ma vengeance, & te soutenir par les armes. Tu as rejeté mes offres & préféré de prendre les intérêts d'un peuple vil. Une mort prématurée sera l'unique salaire de ton patriotisme insensé.

SCENE XXV.

PHILIPPE II, LE P. GORY.

LE P. GORY.

SIRE, voici les missionnaires que vous avez demandés pour envoyer au Nouveau-Monde.

PHILIPPE II.

Sont-ils bien choisis & suffisamment examinés ?

LE P. GORY.

Vos ordres ont été ponctuellement suivis ; le P. Montalte, qui les accompagne avec moi devant votre majesté, les a exercés lui-même. C'est l'élite des différens couvens du royaume, tous grands théologiens.

SCENE XXVI.

PHILIPPE II, GRANVELLE, LE P. GORY, MONTALTE, *à la tête de soixante & douze Missionnaires ; savoir* :

- 30 Cordeliers.
- 6 Bénédictins.
- 3 Augustins.
- 3 Carmes.
- 5 Prêtres séculiers.

Autres Moines.

LE P. GORY.

Sire, voici les soizante & douze mission-naires. Les cordeliers en ont fourni trente... Passez. (*Ils passent en s'inclinant.*) Les bénédictins, six... Passez. Les augustins, trois.... Passez.

UN VIEUX AUGUSTIN, *en passant, s'incline & se jette aux genoux du Roi.*

Sire, je supplie votre majesté de me faire dispenser de cette mission, qui est au-dessus des forces de mon âge & de mes infirmités. J'espere de votre bonté miséricordieuse cette grace que je n'ai pu obtenir de mes supérieurs.

LE P. GORY.

Sire, on ne peut se passer de ses services. Il a déja fait ce voyage, & connoît mieux que personne ces pays, où il a resté long-

tems. Les Indiens le connoiſſent auſſi, &
il parle très-bien leur langue. L'intérêt de
la religion exige qu'il retourne vers eux;
& ſes infirmités ne ſont qu'un prétexte.

Philippe II.

Quoi, mon pere, vous vous refuſez à
promulguer l'évangile? Une miſſion ſi glorieuſe ne vous inſpireroit que de la tiédeur?
La converſion des Indiens vous feroit-elle
donc indifférente?

L'Augustin.

Hélas! Sire, j'ai vu maſſacrer des peu-
plades entieres de ces hommes nouveaux
pour nous, & bien peu ſe ſont convertis.
Nous leur inſpirons de l'horreur, au lieu
de les convaincre; & la barbarie avec laquelle les Eſpagnols les ont traités, me fait
douter qu'on puiſſe jamais leur faire embraſ-
ſer notre religion. Ils ne nous voient que
comme des raviſſeurs, altérés d'or & de
ſang, qui cherchent à les tromper & à les
aſſervir.

Le P. Gory.

Pouvez-vous avoir la moindre pitié pour
des hommes de cette eſpece, dont vous
avez vu de ſi près les imperfections & la
férocité? La vengeance qu'ils oſent ſe per-
mettre envers les Eſpagnols devroit étouffer
toute eſpece de pitié.

L'Augustin.

Comment ramener des peuples qui nous

ont en exécration , chez qui l'on a porté
la deſtruction & le ravage ? Sire , j'ai examiné de près ces infortunés qu'on vous peint
comme cruels & barbares ; j'ai obſervé
avec impartialité leurs mœurs : j'ai été ſur-
pris de trouver dans les Péruviens une ſage
morale , à peu près ſemblable à celle que
je venois leur enſeigner. Ils croient à l'im-
mortalité de l'ame , aux récompenſes des
juſtes , & à un ſéjour de peines & de tourmens pour les méchans. Il leur eſt ordonné
de s'entr'aimer ; la concorde , l'amour de la
patrie ſont chez eux les vertus les plus ho-
norées. Les loix auxquelles ils ſont attachés leur ont été tranſmiſes par une race de
légiſlateurs qui depuis plus de quatre mille
ans veilloit à les rendre heureux. N'eſt-ce
pas aller contre l'évangile même , de les
maſſacrer parce qu'ils ne veulent pas em-
braſſer notre culte ?... C'eſt en vain qu'on
veut vous faire reconnoître pour leur roi :
ils ſont autant attachés à l'Inças leur empereur , que vos ſujets le ſont à votre majeſté... Pardonnez, Sire : je parle d'après
ma conſcience ; elle me fait ſans ceſſe le
reproche amer d'avoir été le complice de tant
de ſang innocent répandu par les Eſpagnols ,
dans leſquels je n'ai vu qu'une baſſe cupi-
dité , au lieu de l'amour du prochain. Saint
Athanaſe , dans ſa lettre aux ſolitaires , ſe
plaignant des perſécutions des Ariens contre les catholiques , dit : " Le diable , parce
» qu'il n'a pas la vérité de ſon côté , uſe

» de violence & se fait recevoir par force.
» Jesus-Christ, au contraire, n'use que de
» douceur : Si quelqu'un, dit-il, veut être
» mon disciple, qu'il me suive. Il ne brise
» point les portes de ceux chez qui il veut
» être reçu, mais il heurte doucement : Ou-
» vrez-moi, dit-il, ma sœur, mon épouse.
» Si on lui ouvre, il entre ; si on ne lui
» ouvre pas, il se retire. » Hélas ! Sire,
j'ai été forcé d'agir contre ce principe. Le
remords est dans mon cœur. La lecture,
les réflexions & sur-tout les années, en
me donnant plus d'expérience, m'ont éclairé.
Je n'ai plus que quelques jours à vivre ; je
demande à les passer dans le recueillement
& la pénitence. Ce n'est point du salut de
ceux qui sont à trois mille lieues de moi
que l'Eternel me demandera compte, mais
de moi-même ; & la caducité m'avertit que
ma derniere heure est proche.

P H I L I P P E I I.

Votre esprit bat la campagne : ne vous
êtes-vous pas engagé dans votre ordre
comme soldat de la religion ? Il faut donc
marcher lorsqu'elle vous appelle. Vous vous
écartez, sans vous en appercevoir, des vrais
principes de la sainte théologie. C'est à vous
d'étudier de nouveau, & de rentrer *in via
Domini*. Songez qu'on me rendra compte
de votre retour à la soumission que vous
me devez, ainsi qu'à notre sainte mere église.

(*L'Augustin se retire d'un air de tristesse.*)

LE P. GORY *faisant passer le reste des missionnaires.*

Les carmes au nombre des trois... Passez. Les prêtres séculiers au nombre de six...... Passez. [*Autres prêtres.*] Sire, voilà les soixante & douze.... Passez.

PHILIPPE II.

J'ai voulu ce nombre en mémoire des soixante & douze disciples du Sauveur du monde. (*aux Religieux.*) Mais voyez l'avantage que vous avez sur les premiers apôtres. Ils alloient prêcher seuls, manquant de tout, persécutés, & finissoient par être martyrs. Vous autres, ne marchez qu'avec des armées qui vous aident à triompher. N'oubliez point qu'en étendant l'empire de la foi, Rome est obligée en même temps d'augmenter le nombre des évêques; & chaque royaume que vous aidez à me soumettre, demande une nouvelle promotion de cardinaux. Ainsi n'épargnez rien. J'ai envoyé des ordres précis pour accélérer mes conquêtes & la réduction de tous ces peuples. Allez; vous recevrez, en débarquant dans ces îles, de nouvelles instructions. Je m'attends que vous seconderez de tout votre zèle les efforts de mes troupes.

(*Les Missionnaires, Granvelle & le P. Gory se retirent.*)

SCENE XXVII.

PHILIPPE II, MONTALTE *reste auprès du Roi d'un air soumis.*

PHILIPPE II, *tirant un papier de son porte-feuille.*

J'AI examiné votre modele d'excommunication. Le style m'en plait assez ; mais je voudrois que vous missiez toute votre énergie à rendre cette bulle encore plus aggravante. Songez qu'il est nécessaire qu'elle fasse paroître Elisabeth d'Angleterre criminelle & méprisable aux yeux de toute la chrétienté. Vous y parviendrez facilement, en retouchant plusieurs endroits où j'ai fait des remarques. Du reste, je suis très-satisfait, & je vous prend sous ma protection.

MONTALTE *se jetant à genoux.*

Sire, j'espere en cette puissante protection à laquelle rien ne résiste. Je demande à votre majesté, pour grace spéciale, qu'elle daigne se ressouvenir de moi en quelque circonstance que je puisse me trouver.

PHILIPPE II.

Oui, je vous le promets. . . . Vous allez partir pour Rome ; j'écrirai en votre faveur au S. Pere au sujet de cette bulle. De votre côté, cherchez les occasions de me prouver votre attachement.

MONTALTE.

Je n'oublierai de ma vie les marques écla-
tantes de la bonté de votre majesté.

PHILIPPE II, *le regardant fixement.*

Le P. Montalte a du génie. S'il veut me
servir, il fera son chemin. C'est lui en
dire assez, je pense.

MONTALTE, *vivement.*

Votre majesté peut compter sur moi; je
me livre entiérement & exclusivement à
vous seul jusqu'à mon dernier soupir. J'en
atteste...

PHILIPPE II.

Doucement, relevez-vous. Mon ambassadeur à Rome saura vous faire connoître
en tout tems mes intentions. Mais sur-tout
observez-vous, si vous voulez m'être utile
& parvenir. Vous avez l'air un peu trop
vif, trop ouvert. Il faut vous composer un
extérieur austere, humilié, entiérement dé-
taché des affaires de ce monde. Alors je
pourrai faire quelque chose de vous. Allez,
nous verrons votre conduite.

MONTALTE, *d'un air hypocrite.*

Sire, puissé-je un jour me trouver dans
un état qui me donne le pouvoir de satisfaire avec passion l'ardent desir que j'ai de
servir votre majesté! (*Il sort.*)

SCENE XXVIII.

PHILIPPE II, *seul.* (*Il visite des papiers,
& se met à écrire.*)

En voilà un dont l'ambition est bien conditionnée. Il me faut des personnages de ce caractere-là ; ils sont propres à tout. (*Il écrit.*) Avec quatre doigts de papier je me fais obéir d'un bout du monde à l'autre : c'est assez commode.

SCENE XXIX.

PHILIPPE II, RUY-GOMEZ.

RUY-GOMEZ.

Sire, j'ai tout découvert. Dom Carlos a projeté de partir secrétement pour les Pays-Bas. Il a fait venir une somme d'argent de Séville, & peut-être dès cette nuit même voudra-t-il tenter de s'échapper.

PHILITPE II.

Etes-vous bien assuré de votre monde ?

RUY-GOMEZ.

Comme de moi-même. Il ne peut absolument rien faire qu'on ne le prévienne, & je réponds sur ma tête de ses moindres démarches. Tous ceux à qui il s'est confié me sont vendus.

PHILIPPE II.

Et l'on prend garde sur-tout qu'il ne s'apperçoive qu'on veille sur lui?

RUY-GOMEZ.

C'est là où j'ai mis ma plus grande attention. Mais il me paroît résolu à se défendre si l'on vouloit l'arrêter.

PHILIPPE II.

L'insensé! il ne voit pas les forces qui l'environnent ; mais il ne faudra qu'un mot pour le désarmer. Je ne veux cependant pas attendre plus long-tems. C'est une inquiétude dont je dois me délivrer. Faites tout disposer afin que je puisse moi-même cette nuit m'assurer sans danger de sa personne. Vous posterez autant de monde qu'il en faudra pour le surprendre s'il vouloit s'échapper avant ce tems.

RUY-GOMEZ.

C'est le parti le plus sûr, car on ne sait ce qui pourroit arriver avec un personnage si violent.

PHILIPPE II.

Je saurai me rendre enfin tranquille à son égard. Je vois maintenant la cause des démarches de la reine. Vous n'êtes pas de ses amis, je crois?

RUY-GOMEY.

Sire, vous n'ignorez pas que je suis l'antagoniste de toutes vos épouses.

Philippe II.

Je ne doute plus qu'elle ne soit instruite des plus intimes secrets de Dom Carlos.

Ruy-Gomez.

Il ne faut que l'observer pour voir combien elle partage ses moindres peines. Tout se lit facilement dans ses regards ; son agitation la trahit à chaqu'instant.

Philippe II.

Je me plaisois tout-à-l'heure à voir quelles peines elle se donnoit pour me faire approuver des conseils absolument opposés à mes vues. J'aime assez m'amuser de tous les propos qu'une femme peut tenir. Il faut être Françoise pour oser dire tout ce qu'elle m'a dit. C'est la protectrice déclarée de tous ceux que je déteste. Les Flamands ne seroient pas trop éloignés d'avoir à leur tête mon propre fils, & à me l'opposer.

Ruy-Gomez.

Et puis la reine, qui les seconderoit dans le sein de votre cour. Mais heureusement vous êtes plus habile, & vous préviendrez facilement de tels désordres.

Philippe II.

Ruy - Gomez, nous y apporterons les remedes nécessaires. Mais ne perdons jamais de vue nos principes. Voyez comme le sort me promene d'événemens en événemens. Vous souvenez-vous des premières intrigues de ma jeunesse. J'avois déjà dans ce tems-là trois femmes à la fois. Marié secrétement, je ne laissai pas que d'épouser la princesse de Portugal. J'avois en outre la belle Euphrasie. Nous avons mené tout cela avec habileté. Je dois à votre génie de m'en avoir ensuite débarrassé, en sauvant jusqu'aux moindres apparences.

R U Y - G O M E Z.

Ces circonstances me sont toujours cheres. Elles me rappellent l'inestimable faveur dont vous m'avez honoré depuis ; c'est l'époque de mon élévation.

P H I L I P P E II.

Redoublez vos soins en ce moment critique : je ne voudrois pas pour tout au monde voir altérer cette sainte réputation dont je jouis. A la mort même, je ne veux pas en avoir le démenti.

R U Y - G O M E Z.

Avec un caractere & un génie comme le vôtre, on peut en imposer à toute la terre.

P H I L I P P E II.

C'est à moi seul que je veux que l'église romaine doive sa durée. J'ai des raisons pour ne pas souffrir qu'on ose y rien changer ; je dominerai par elle.

R U Y - G O M E Z.

Ah, Sire, si vous étiez secondé par une autre reine ! (*Silence de Philippe II.*) Examinez attentivement la nature de son désespoir

poir dès qu'elle apprendra que Dom Carlos
eft arrêté. (*Nouveau filence.*) Vous ne pouvez
agir envers elle qu'avec les plus grands
ménagemens. C'eft bien différent de Dom
Carlos. Nous l'avons fait paffer pour un
infenfé, pour un prince fougueux & fans
religion. Elle, au contraire, eft généralement aimée, tient à une cour puiffante :
d'ailleurs, la reine fa mere eft clair-voyante
& dangereufe.

P h i l i p p e II.

Je ne la crains guere. Je connois fon
ambition : peu lui importe, pourvu qu'elle
regne.... (*à part.*) J'ai mes projets : le
S. Pere, dont je foutiens fi bien la caufe,
fera retentir en ma faveur fon tonnerre fpi-
rituel. L'Amérique & l'Afie me prodiguent
de quoi faire trembler mes voifins, & je
médite de faire de la France une de mes
provinces. Je me contenterai d'abord du
nom de *protecteur*, avec le pouvoir de con-
férer toutes les charges ; cela effarouche
moins. J'ai d'habiles généraux ; mais la
religion eft encore la plus forte des armes...
Terminons, avant tout, ce démêlé domefti-
que ; nous reviendrons enfuite aux affaires
de l'Europe. Si j'ai effuyé un échec du côté
de l'Angleterre, je faurai réparer cette perte
fans fortir de mon cabinet. Vu l'immenfité
de mes pays & de mes tréfors, je fuis dif-
penfé d'armer mon bras, & je n'ai befoin
que de ma tête. Tandis qu'on fe bat pour

moi , mes vœux & mes prieres ferventes déterminent la victoire. J'ai fait bâtir l'Efcurial pour la bataille de Saint-Quentin. Donnons tout au cabinet & à la diffimulation : les foldats ne font que des fimulacres ; la force réelle eft dans le jeu adroit & varié d'une politique impénétrable. Entretenons le trouble chez nos voifins, & maintenons l'Efpagne en paix. Nous gouvernerons le S. Siege en lui prodiguant les plus grands refpects ; & fans jamais être à la tête d'aucune armée , nous faurons démembrer les états qui nous avoifinent. Les hommes font guidés par la foif de l'or : j'ai de l'or. Je fomenterai des intrigues en Angleterre , en France , en Italie. Mon peuple a déjà une fupériorité marquée fur les autres nations , & ce peuple m'obéit. Que ne dois-je pas attendre de l'afcendant de mes tréfors , de ma politique & de la force religieufe dont j'hérite en flattant la cour de Rome ! L'autorité n'eft qu'un affemblage de petites forces particulieres réunies en un feul point. Oh ! fi avec ce levier je pouvois ébranler cette fuperbe France , quelle joie, quel triomphe ! Mais les défaites de Créci , de Poitiers , d'Azincourt de Saint - Quentin n'ont pu encore l'humilier comme je le voudrois.... (*à Spinola qui entre.*) Grand inquifiteur , je vous ai mandé. Faites affembler mon confeil de confcience. Que les membres du S. Office , ainfi que tous ceux qui lui font attachés , fe tiennent prêts dès cette nuit. Qu'on redouble de vigilance. C'est la cause de l'églife que je veux défendre : il n'y a pas un prêtre dans mon royaume, qui ne doive en ce jour unir fes prieres aux miennes.

S P I N O L A.

Je vais faire ordonner dans toutes les églifes l'expofition des faintes reliques.

SCENE XXX.

Le théatre repréfente la chambre à coucher de Dom Carlos. On voit dans le fond un lit, & fur le coté une grande cheminée dans laquelle eft un brafier.

D O M C A R L O S.

(Il entre dans la chambre, tenant un papier qu'il ouvre. Il lit.)

" IL eft des confeils qui ne fe donnent
» point... On ne fort des affaires défefpé-
» rées que par des réfolutions extraordinai-
» res... Ceux en qui le Ciel a mis des qua-
» lités qui doivent un jour affurer la félicité
» des peuples qui leur feront foumis, ont
» de grandes obligations à remplir...... La
» patience qui abandonne les jours de
» l'homme de bien à la violence de fes en-
» nemis, eft quelquefois une vertu, plus
» fouvent une foibleffe impardonnable......
» On ne doit point conferver d'humanité
» envers ceux qui l'outragent. » Cet écrit

anonyme, jeté à mes pieds, est sans doute la voix du peuple. Ses plaintes étouffées cherchent le moyen de pénétrer jusqu'à moi. Ne serois-je donc né si près du trône que pour être le témoin de tant de massacres ? Les Flamands me pardonneroient-ils jamais d'être resté sourd à leurs cris ? Quoi, tandis que le cruel duc d'Albe se baigne dans leur sang, moi je ne pourrois aller les défendre ! Ne me seroit-il pas permis, grand Dieu ! d'opposer mon bras à celui d'un forcené ?... Oui, oui, je m'opposerai à mon pere même, puisqu'il se dégrade & me flétrit. Je ne veux point d'un héritage infâme. Périsse plutôt jusqu'au souvenir de son regne & de mon existence ! On ne me reprochera pas au moins une coupable indifférence ; on ne m'accusera point d'avoir vu tranquillement d'aussi grands forfaits, pour en recueillir les détestables fruits. Allons, voici bientôt l'instant où je vais quitter ces tristes lieux, témoins de mes perplexités. Je vais respirer un air libre & pur ; je vais naître à la gloire & à la vertu. A la vertu !... Ciel ! & c'est contre mon propre pere je vais porter les armes ! Philippe, Philippe, quel triste bonheur est ton partage ! Le feu de la révolte embrase à la fois deux parties de tes états.... Moi-même, moi, ton fils, dans une heure, fugitif, armé contre toi !.... Ah, si son cœur !.... Oui, un seul mot suffit encore pour me rendre à lui.

SCENE XXXI.

DOM CARLOS, OSORIO, *homme*
affidé à Dom Carlos.

OSORIO.

PRINCE, le marquis de la Posa demande
à vous parler dans le moment même. Il vous
conjure de ne point lui refuser cette grace.

DOM CARLOS.

Je ne puis me défendre de le revoir encore. Qu'il entre. (*Seul.*) De tous les cour-
tifans qui compofent cette cour odieufe,
il eft le feul dont je ne me fois jamais dé-
fié. Son cœur noble & fenfible m'a toujours
prouvé fon zele. Il s'eft trop fouvent expofé
pour moi.

SCENE XXXII.

DOM CARLOS, LE MARQUIS DE
LA POSA.

DOM CARLOS.

AMI, que venez-vous me demander à
cette heure ?

DE LA POSA.

Je cherche depuis long-tems à vous approcher fans être apperçu. Prince, vous êtes

gardé à vue. (*Plus bas.*) La reine m'a confié cette lettre. La voici.

DOM CARLOS, *la prenant avec transport.*

La reine !

DE LA POSA.

Chargé d'un dépôt si sacré, j'ai tremblé d'être surpris avant de vous le remettre. Je me suis vu observé de bien près. Vous savez comme je pense ; ma vie est à vous.

DOM CARLOS,

Puissé je un jour reconnoître vos services comme je le desire ! Un homme comme vous m'est trop précieux pour l'exposer. Je veux vous retrouver dans un tems plus favorable. Pour ce moment, il faut m'oublier. Ecartez-vous promptement ; gardez vous de donner la moindre atteinte aux soupçons. Adieu, brave & généreux marquis, adieu.

DE LA POSA.

Prince, je respecte vos secrets. Mais quoi, vous hésitez d'employer le marquis de la Posa dans des momens dangereux ! Ah ! parlez : est-il quelque péril capable de m'effrayer ? Il est encore de bons Castillans qui frémissent en secret, & ne se courbent point sous le joug odieux de ces prêtres qui regnent à la place de votre pere. Ils voient en vous l'espoir de la nation. Oui, l'Espagne vous devra un jour sa gloire & son bonheur.

DOM CARLOS.

Modérez vous pour l'amour de moi, ô

mon ami ! confervez-vous. Encore une fois,
laiffez-moi.

D E L A P O S A , *d'un air pénétré.*

Prince, vous refufez mes fervices !

D O M C A R L O S , *l'embraffant.*

Je fais ce que je dois ; faites ce que je
veux. Obéiffez.

SCENE XXXIII.

D O M C A R L O S , *feul.*

Au moins, fi je péris, je n'aurai pas la
douleur d'entraîner avec moi ceux que j'ef-
time le plus. Je ne puis me réfoudre à les
expofer à l'implacable fureur du roi. (*Il dé-
cachete la lettre.*) Que cet écrit me caufe de
trouble ! Je faifois tous mes efforts pour
éloigner de mon idée cet objet chéri. Je
crains de lire, je tremble. (*Il lit.*) " Auriez-
» vous réfolu de mettre le comble à nos
» maux ? Eft-ce Dom Carlos qui doit ache-
» ver de me déchirer le cœur ? Non, vous
» ne pourfuivrez point ce projet infenfé ; je
» vous connois ; il vous cauferoit trop de
» remords. Vous n'êtes point fait pour être
» un traitre, un parricide. Votre ame, brû-
» lant du plus amour, ne fe laiffera point
» emporter à des extrêmités cruelles. Je ré-
» clame tous les droits que ma tendreffe op-
» primée peut avoir fur vous. Si vous n'y
» renoncez, je meurs en déteftant le jour où

» je commençai à vous aimer fur l'efpoir
» de vos vertus. C'eft à vous de choifir,
» ou d'être encore pour moi un objet chéri,
» ou de vous rendre un objet de haine &
» de mépris. De haine ! Que dis-je ! Dom
» Carlos, différez d'un feul jour. Faites ce
» facrifice pour celle qui vous aime fans
» efpoir. Venez demain vous rendre à ma
» voix ; venez ; vous connoîtrez fi je mérite
» que vous cédiez à mes pleurs. » (*Aprés*
un moment de trouble & d'agitation).
Quels combats ! En proie à l'irréfolution...
D'un côté, le bonheur de tout un pays ; de
l'autre, la voix d'Elifabeth.... Dieu ! quelle
perplexité !

SCENE XXXIV.
DOM CARLOS, OSORIO.

OSORIO.

Prince, voici l'heure favorable. On vous
attend à l'endroit défigné.

DOM CARLOS, *d'un air embarraffé.*

O Ciel, que dois-je faire !

OSORIO.

Ne différez point ; la nuit va nous couvrir
de fon voile. Elle eft précieufe pour favorifer les premiers pas de votre éloignement.

DOM CARLOS, *à part.*

Elle l'emporte. (*Haut.*) Faites tout différer ;
demain nous verrons.

OSORIO.

Prince, je frémis de ce retard. Demain, hélas ! peut-être ne sera-t-il plus tems. Vous pouvez encore....

DOM CARLOS.

C'en est fait ; j'ai pris mon parti. Suivons notre destinée, quelle qu'elle puisse être. Veillez seulement que rien ne transpire. Retirez-vous ; j'ai besoin de repos.

SCENE XXXV.

DOM CARLOS, *seul.*

JE suis accablé. Oui, je la reverrai, je lui parlerai ; j'obtiendrai qu'elle consente à mes justes desseins. Il semble qu'elle soit pour moi un maître aux ordres duquel je ne puis désobéir. O femme adorable, toi que m'a ravi mon pere ! Sans lui, je serois à cette heure dans tes bras. Avec toi les momens de ma vie n'auroient plus d'amertume ; tu partagerois mes douleurs. Mais, que suis-je ! Que deviens-je ! Isolé, jouet de l'amour, en proie à la haine... Est-il un supplice au-dessus de celui d'aimer & d'être aimé, sans espoir d'être uni à l'objet de ses feux ! Je l'entends, je la vois, je tombe à ses genoux. Vaine chimere ! Ah, combien d'heures affreuses ai-je déjà passées sur ce lit, sans pouvoir m'assoupir ! Quelle différence de ce tems à celui où j'espérois la posséder, où chaque jour mon ame à mon réveil étoit enivrée d'une volupté pure! je commerçois d'exister. Tout s'est anéanti. O courage, ô vertu si nécessaire dans l'adversité, venez vous emparer de mon ame. Dieu, qui m'avez créé, daignez me soutenir & ranimer mes forces abattues! Sans votre secours je ne puis supporter la vie.

SCENE XXXVI.

(Dom Carlos pose ses pistolets & son épée sur une table, & se jette sur son lit.)

On voit la porte de l'appartement de Dom Carlos s'ouvrir à petit bruit. Le comte de Lerme s'avance le premier, & va saisir les armes du Prince. Il est suivi de deux autres officiers armés. Ruy Gomez s'avance ensuite ; puis le Roi, précédé du duc de Feria, du grand commandeur, de Dom Dicgue de Cordoue, tous l'épée à la main ; Ils entourent le lit du Prince, le retiennent & gardent tous le silence.

PHILIPPE II, DOM CARLOS.

DOM CARLOS *se retourne, & se voyant environné, s'écrie :*

QUE vois je! Malheureux! Je suis mort!

PHILIPPE II.

Ce qu'on vient de faire est pour votre bien. Je veux vous punir en père.

(Pendant ce tems on enleve de l'appartement de Dom Carlos, le lit, un coffre & d'autres effets.)

D o m C a r l o s.

Non, je hais votre clémence. Vous avez juré ma perte ; vous l'accomplissez. Pere sans entrailles, roi inexorable, où sont vos bourreaux ? Ah, laissez, laissez ! Je vais sans leur secours me brûler sous vos regards.

(*Il fait un effort si violent, qu'il s'échappe & va se précipiter dans le brasier. On parvient avec beaucoup de peine à l'en arracher.*)

P h i l i p p e I I.

Contenez-le dans ses transports ; ce moment de fievre passera.

D o m C a r l o s, *se débattant.*

Tuez moi, tuez-moi. Ah ! je succombe à leur nombre. O tourment, je ne pourrai donc mourir qu'à sa volonté !

P h i l i p p e I I.

La résignation est tout ce qui vous reste. Il n'est plus tems de vouloir braver ma puissance. Voyez le déplorable état où vous êtes. Occupez-vous plutôt de la grandeur de vos crimes.

D o m C a r l o s, *avec fureur & désespoir.*

Mes crimes ! Le premier est d'être votre fils. Vous ne m'avez donné le jour que pour faire mon tourment. Ne pouvant me rendre votre esclave, il faut que je sois votre victime. Ne me faites plus languir, délivrez-moi de la vie. Mon plus grand supplice est de la tenir de vous. Agissez-vous en pere, en me faisant ainsi arrêter par des scélérats

armés ? Ah ! celui qui fait l'être n'a besoin
que d'un seul regard pour ramener un fils
lorsqu'il s'est égaré. (*Aux affistans.*) Vous,
barbares ! vous n'avez cherché que les moyens
d'assurer ma perte ; & je vois bien que vous
ne demandez pas que je me justifie devant
vous.

P H I L I P P E I I.

Mon cœur paternel oublie les outrages
que vous lui faites en cet instant. Si l'intérêt
de Dieu , l'amour de mon peuple , ma
conscience ne m'avoient pas commandé un
acte de rigueur aussi nécessaire , croyez ,
mon fils , que je vous aurois sauvé même
au péril de ma vie. Je ne prononcerai aucun jugement sur vous ; c'est au saint Tribunal que vous devez répondre ; la puissance
temporelle des princes & des rois doit
s'abaisser devant son arrêt suprême.

D O M C A R L O S.

Qu'entends-je ! quelle trame perfide !

SCENE XXXVII.

LES ACTEURS PRÉCÉDENS ,
ELISABETH, *ayant forcé les gardes
& les seigneurs qui s'opposoient à son pas-
sage , s'élance en désordre entre le Roi &
Dom Carlos.*

E L I S A B E T H.

P R I N C E ! il est des momens extrêmes,
où l'on ne connoît plus de loix. Est-ce ainsi

que vous traitez l'unique rejeton de tant
de rois ! Des mains armées contre votre
fils ! Oubliez-vous que vous êtes le garant de
sa vie, & que son honneur est le vôtre ?
Arrêtez, au nom de Dieu, avant que rien
ne transpire... (*Elle se débarrasse des mains
des seigneurs qui la retenoient, saisit Dom
Carlos par la main avec fermeté.*) Laissez-le,
laissez-le. Pourquoi donc user de violence ?..
(*à Dom Carlos.*) Prince, tout votre espoir
est dans le cœur du roi. Dans cet excès de
malheur, vous pouvez encore le fléchir.
Les sentiments, la pitié peuvent se faire entendre à son ame. C'est souvent dans de
pareils momens, que la nature jette son
cri & reprend tous ses droits... (*Elle le
conduit vis-à-vis du Roi.*) Dom Carlos, si
vous êtes coupable, qu'un repentir sincere
vous ramene à un pere & à votre roi....
(*Elle tombe à genoux aux pieds du Roi, &
y fait tomber Dom Carlos avec elle.*) Sire,
nous tombons à vos pieds.... Grace pour
votre fils. (*Elisabeth au comte de Lerme,
au duc de Feria & à Dom Diegue.*) Joingez-
vous tous à moi... Grace pour Dom Carlos.

LE COMTE DE LERME, LE DUC DE FERIA,
   DOM DIEGUE DE CORDOUE, *se jetant
aux genoux de Philippe II.*

Sire, grace, grace pour votre sang.

   PHILIPPE II, *se retirant d'un air
dédaigneux.*

Mon sang !... Lorsqu'il devient impur, je
m'en laisse purger,

DOM CARLOS, *se relevant avec viva-*
cité, & se dégageant de la Reine. (Les
seigneurs se relevent aussi & l'observent.)

J'ai cedé, pour vous complaire, madame:
sans vous, l'on ne m'auroit point vu dans
une posture si humiliante, & je serois mort
plus glorieusement que vous ne vivez tous.
(*Philippe s'éloigne & parle bas avec Ruy-*
Gomez; les seigneurs restent auprès de Dom
Carlos.)

ELISABETH.

Qu'osez-vous dire, prince ! Vous vous
perdez sans retour.

DOM CARLOS.

O trop sensible Elisabeth ! pourquoi vous
exposer ainsi pour moi ?

ELISABETH.

Momens cruels ! Dom Carlos, quoi ;
plus d'espoir ! (*Elle fond en larmes.*)

DOM CARLOS.

Ses larmes coulent dans mon cœur.......
Vertueuse Elisabeth...

ELISABETH, *voyant sortir le Roi.*

Il s'éloigne. Quel trouble, quel effroi me
glacent ! Que résoudre ? Que faire ? Ah,
de combien de douleurs suis-je déchirée
à la fois.

DOM CARLOS.

Oubliez pour jamais un prince infortuné,
depuis long-tems proscrit.

UN OFFICIER, *à Elifabeth.*

La volonté du roi, madame, eft que vous quittiez ces lieux.

UN AUTRE OFFICIER, *au comte de Lerme.*

Comte, obéiffez aux ordres du roi.

LE COMTE DE LERME, *à Dom Carlos qu'on environne & que l'on conduit dans une chambre voifine.*

Prince c'eft à regret; mais la volonté de votre pere.....

DOM CARLOS, *fortement.*

De mon pere! Dites de mon roi.. Dom Carlos, triomphe de ton défefpoir! (*à la Reine que l'on emmene.*) O vous, le plus cher objet que je puiffe regreter, adieu! Mon dernier foupir fera pour vous.

ELISABETH, *voyant entrer, par la porte où le Roi étoit forti, Spinola & tous les Commiffaires du S. Office, tombe en foibleffe, & eft foutenue par des officiers qui l'entraînent. Elle dit en fortant:*

Que vois-je! Des inquifiteurs. Tu es perdu, malheureux Dom Carlos! Infortunée Elifabeth, tu n'as plus qu'à mourir! (*Elle fort.*)

SCENE XXXVIII.

PHILIPPE II, LE DUC DE FERIA, SPINOLA, LES COMMISSAIRES DU S. OFFICE, DES CASUISTES.

L'on tend tout en noir, la table est couverte d'un tapis de même couleur. Les inquisiteurs entrent en ordre de procession. On pose sur la table un livre & des papiers. Spinola y place un crucifix. Le Roi s'avance ensuite avec son conseil, composé d'ecclésiastiques & de laïques.

PHILIPPE II.

SAVANTS théologiens, qui composez mon conseil particulier, & vous, ministres du S. Office, répondez: puis-je, en sûreté de conscience, faire grace à un fils qui s'est ligué avec mes ennemis, qui a conspiré contre moi-même? Ne suis-je pas indispensablement obligé de remettre ce fils criminel entre les mains de votre justice? Les membres du tribunal de l'Inquisition ne sont-ils pas les exécuteurs des vengeances royales?

LE DUC DE FERIA.

Sire, je pense que vous pouvez imiter Charlemagne, qui la premiere fois que Pepin conspira contre sa personne sacrée, lui pardonna, attribuant sa faute à sa jeunesse, &

expirer

prononçant cette belle parole, *qu'il étoit le pere & non pas le juge de son fils.*

P H I L I P P E II.

Si quelqu'un est encore de cet avis, qu'il songe que je le rends personnellement responsable des suites que pourroit avoir une grace imprudemment accordée. Mon fils couroit se placer à la tête de mes sujets révoltés ; il alloit lever un fer parricide ; n'est-il pas doublement coupable ? Fait - on grace au crime de lese-majesté au premier chef ? Que ceux qui opinent pour que je lui pardonne, se déclarent sur-le-champ en ma présence. (*Personne ne dit mot. Après un court silence Philippe dit avec une espece de douleur :*) Hélas ! je le vois , mon fils est condamné. Dites - moi encore si ce fils , pour qui j'ai tout fait, conservoit dans son cœur des maximes perverses ; s'il projetoit de réformer un jour la religion, d'adopter les sentimens des hérétiques...

U n C a s u i s t e.

Un tel dessein seroit un attentat irrémissible.

P h i l i p p e II.

Si l'on avoit des preuves qu'il favorise secrétement les opinions abominables de Calvin , qu'il cherche à les répandre, à les faire triompher , qu'il les adopte enfin de cœur & d'esprit....

O

UN AUTRE CASUISTE.

Ceci est un crime capital, que rien ne pourroit remettre.

PHILIPPE II.

Qu'il eut prêté son nom pour faire entrer dans mes états des livres condamnés par le concile de Trente. (*Gesticulation muette & rumeur de la part des Casuistes & des Inquisiteurs.*)

UN CASUISTE.

Sire, voyez notre consternation.

PHILIPPE II.

Je vous entends. Ah, malheureux père! Malgré la douleur que me causent vos décisions, je n'arrêterai pas votre saint zele ; il est le rempart & la sauve-garde de notre auguste religion, qui doit triompher des impies. (*Les casuistes s'éloignent.*) Ciel, quel effort n'ai-je pas à faire sur moi-même ! Mais je domterai la foiblesse de la nature, puisqu'il s'agit des intérêts de la divinité. (*Aux Inquisiteurs.*) Juges suprêmes, faites-vous livrer Dom Carlos ; jugez-le. Songez que vos décisions émanent de Dieu même, de ce Dieu qui, pour le salut des hommes, n'a pas épargné son propre fils, de ce Maître du monde, qui a précipité dans l'abyme les anges rebelles que l'orgueil avoit portés à se soustraire à son obéissance. (*Il s'approche & se prosterne devant la table sur la-*

q̓uelle eſt le crucifix.) Je proteſte, devant
le Sauveur du monde , de ſigner aveuglément votre jugement. Ma conſcience ſe
décharge ſur vous & vous rend garans de
tous les maux qui pourroient arriver à la
religion par l'impunité du crime de mon
fils. Allez vous ſaiſir de ſa perſonne , &
jugez-le. (*Ils s'en vont dans un morne ſilence*
vers l'appartement où l'on a conduit Dom
Carlos.)

SCENE XXXIX.

PHILIPPE II, GRANVELLE.

GRANVELLE.

Sire, le marquis de la Poſa n'eſt plus ;
mais on n'a rien trouvé ſur lui.

PHILIPPE II.

Quoi ! aucun papier ? Pas le plus léger
indice ? Il aura donc eu le tems de tout
brûler ; on s'y ſera mal pris ; car ſortant de
chez Dom Carlos, il devoit être chargé de
quelque miſſion dont on auroit pu trouver
un témoignage certain ſur-le-champ. Je
porterai mes regards ſur cette négligence.

GRANVELLE.

Les gens apoſtés l'ont ſuivi en ſortant
d'ici, & ne l'ont quitté qu'après l'avoir vu

expirer fous leurs coups. Votre majefté peut
être affurée qu'il n'y a eu aucun témoin.

PHILIPPE II.

Il faut faire paffer ce meurtre pour une
aventure nocturne. C'étoit un fujet dangereux ; fon attachement pour le prince , la
cour affidue qu'il faifoit à la reine , me
l'ont toujours fait regarder comme l'ennemi
de mon pouvoir. Je ne fuis cependant pas fans
crainte. Veille-t-on bien par-tout ? Si quelque confpiration cachée alloit éclater en fa
faveur ! Il ne faut fouvent qu'un mécon-
tent... L'efpoir d'un nouveau regne... Quelle
terrible fituation pour moi ! Parmi tant de
féditieux & de rebelles , faut-il que je trouve
mon propre fils !

GRANVELLE.

Votre fermeté confondra tout. L'exemple
de Dom Carlos va vous rendre encore plus
redoutable. En remettant, comme vous
faites, fon jugement au tribunal du Saint
Office, vous n'êtes refponfable de l'événement devant qui que ce foit. L'on dira par-
tout : c'étoit une affaire de religion, un
myftere. Malheur à qui voudra le pénétrer
ou l'interpréter ?

PHILIPPE II.

J'efpere que ma réputation n'en fera
point tachée. C'eft un fage parti que j'ai
pris, cardinal.

GRANVELLE.

Bien fouvent, par la mort d'une feule
perfonne, on épargne beaucoup de fang.

PHILIPPE II.

Les rois ne doivent point avoir de parens.
Si je me servois uniquement des griefs contre
ma personne, toutes les cours, & principalement celle de l'empereur, me reproche-
roient un jour de ne lui savoir point fait
grace ; mais j'en ai d'autres. D'ailleurs, il
est des circonstances qui ne pourront jamais
parvenir à la connoissance des hommes.

SCENE XL.

PHILIPPE II, GRANVELLE,
RUY-GOMEZ.

Ruy-Gomez, *sortant de l'appartement où*
est détenu Dom Carlos.

Voila, Sire, deux papiers que Dom
Carlos vouloit soustraire. Ce sont les seuls
qu'on lui ait trouvés.

PHILIPPE II.

Donnez.... Que fait-il ?

RUY-GOMEZ.

Lorsqu'on l'a déshabillé pour le revêtir,
suivant l'usage, des vêtemens de ceux qui
vont être jugés par l'Inquisition, son désespoir a été extrême. J'ai cru que dans l'excès
de sa fureur il alloit expirer. Jamais il
ne m'a été possible de lui ôter un portrait
de la reine, qu'il porte attaché sur son cœur.
Enfin il est tombé dans un calme farouche,

il ne parle plus.... Mais le voici; on le conduit devant ses juges.

PHILIPPE II.

Venez avec moi dans l'éloignement. Je veux tout entendre. Nous feindrons d'être en prieres ; vous vous tiendrez auprès de moi ; sur-tout ne me quittez pas.

SCENE XLI.

LES ACTEURS PRÉCÉDENS, SPINOLA, *à la tête des Inquisiteurs, qui conduisent Dom Carlos vêtu d'un* san-benito *de toile noire, rayée de blanc. Spinola prend sa place sur un siege élevé. Les greffiers se placent à côté, & se mettent en devoir d'écrire. Les autres juges se placent successivement. L'on veut faire asseoir Dom Carlos sur une petite sellette ; mais il se tient debout avec opiniâtreté. Tout est tendu en noir.*

DOM CARLOS.

Ministres de tourmens, où me menez-vous : Que me voulez-vous encore ? Croyez-vous pouvoir avilir Dom Carlos sous ces vêtemens sinistres ? Non : tout cet appareil de mort ne m'en impose pas. Je sais trop par qui vous agissez. Non content de m'avoir arraché au bonheur, il fait jouer contre moi les instrumens secrets de sa tyrannie, & me précipite lui-même dans les horreurs du tombeau. Roi cruel ! allons, conſommez ce ſacrifice barbare. Que l'unique rejeton de tant d'illuſtres aïeux, le ſeul défenſeur des peuples opprimés, tombe avec des milliers de victimes ſous les coups de l'impoſture. Faites de ce monde un enfer ſemblable à celui que vous annoncez. Je renonce à régner ſur la terre ; je la quitte ſans regret. Je ſuis réſolu à périr plutôt que d'y régner par vous. Je me ſens même aſſez de calme pour vous entendre & vous répondre avec tranquillité. Prêtres, qui vous dites chrétiens, héritiers des ſaints martyrs diſciples des apôtres, parlez, jugez-moi. Interrogez celui qui devoit être un jour votre ſouverain, & qui auroit vengé ſur vous l'humanité outragée.

S P I N O L A.

Prince ! autant Dieu eſt élevé & maître de toutes choſes, autant le pouvoir de ce ſaint tribunal qui défend ſa cauſe eſt au-deſſus des hommes, quelque ſoient leurs rangs ſur la terre ; les rois lui doivent compte de leur foi, comme le dernier de leurs ſujets. Pour connoître à fond les ſentimens, nos loix ordonnent de commencer par faire ſubir à l'accuſé la queſtion la plus rigoureuſe. Jamais nous n'inſtruiſons ſur les griefs dont il eſt chargé ; il faut qu'il en faſſe l'aveu lui-même. Nous voulons bien, par égard pour votre rang, vous diſpenſer de cet uſage ; mais nous attendons de vous une confeſſion entiere de votre croyance ſur la religion.

DOM CARLOS.

(*Les greffiers écrivent tout ce qu'il dit.*)

Vous pouvez vous y attendre ; rien ne m'empêchera de dire hautement la vérité. J'apperçois le roi dans un sombre silence... Témoin muet, mais avide....... Eh bien, qu'il m'entende. Dès l'enfance je fus instruit de tous les mysteres de notre religion ; j'adoptai ce que ma raison put comprendre, j'en respectai l'ensemble ; & si ma jeunesse eût été occupée par des travaux dignes de moi, ma foi seroit demeurée entiere & soumise. Mais on m'a laissé spectateur désœuvré de vos guerres ecclésiastiques ; j'ai connu vos divisions, j'en ai cherché la source, & j'ai vu sous le masque religieux, l'intérêt sordide, l'ambition démesurée, l'entêtement, la soif de la vengeance, tous les vices enfin servir de base à votre éléva-tion. Toujours en discorde, vos dissensions intestines ont commencé par me faire douter de votre bonne-foi. Mais, lorsque je vous ai vus, abusant du pouvoir, brûler ceux que vous n'avez pu convaincre, calomnier la vertu, anéantir des familles entieres, tant d'atrocités m'ont révolté. Que vous m'avez paru éloignés des maximes de l'évan-gile, ces maximes sublimes & pures, que vous ne cessiez de prêcher aux autres ! Com-bien de respectables prélats ont été les vic-times de votre jalousie, sous l'horrible pré-texte que leur croyance n'étoit point celle

de l'évêque de Rome ! Je les ai vu périr ;
mon indignation....

Spinola.

L'évêque de Rome ! Vous entendez.
Continuez, Prince, & confessez votre foi
en termes positifs.

Dom Carlos.

Elle est toute entiere au Créateur de cet
admirable, de cet imposant univers ; mon
espérance est uniquement en ce grand maître
invisible & tout puissant ; je l'adore & me
prosterne devant sa grandeur.

Spinola.

Ce n'est pas là.... ce n'est pas là le point.
Répondez clairement & sans subterfuges :
croyez-vous en Jésus-Christ ?

Dom Carlos.

Sa morale divine, émanée du Pere commun des hommes, prouve qu'il ne fait qu'un
avec lui. Il prêcha contre les prêtres, dont
il condamnoit les vexations. Il étoit le Verbe :
il fut sacrifié par le fanatisme & l'impos-
ture...... Oui, je crois en lui ; je révere la
doctrine qu'il a daigné apporter sur la terre.

Spinola.

Croyez-vous en son église catholique,
apostolique & romaine ?

Dom Carlos.

Je crois aux préceptes qui sont puisés dans
l'évangile, je respecte toute bouche qui les

prononce ; mais je ne puis croire à la pré-
tendue infaillibilité de ces pontifes, mandians
des royaumes, tantôt complaisans & adulateurs des rois, tantôt leurs tyrans ; tour-
à-tour esclaves & usurpateurs. Il ne faut
qu'opposer l'évangile à leur vie, pour en
voir la contradiction. Je proteste contre
leurs loix barbares : l'établissement de votre
tribunal odieux est leur ouvrage ; en faut-il
davantage pour les faire abhorrer ?

SPINOLA.

Ainsi vous ne croyez point aux apôtres à

DOM CARLOS.

Je ne confonds point les apôtres avec cette
église, dont vous vous faites membres. Ils
étoient des hommes vertueux, charitables,
pleins de Dieu, inspirés pour annoncer aux
hommes une morale pure. Ils ont voulu
les éclairer sur leur idolâtrie, sur la four-
berie de leurs prêtres ; & les prêtres en ont
fait des martyrs par la main des tyrans.
Toujours humbles, toujours pauvres, toujours dédaignant la puissance temporelle &
les biens de ce monde...... Peut-on vous
reconnoître à ces traits ?

SPINOLA.

Nous ne vous demandons point des ré-
ponses si étendues. Dites-nous en peu de
mots, si vous admettez ou rejetez absolument toutes les décisions du concile de
Trente.

Dom Carlos.

Ce concile, au lieu de réunir les chrétiens, les a défunis pour des fiecles. Une infidieufe politique s'eft obftinée à maintenir d'antiques abus, appuyés par des décifions obfcures. Vous y étiez tous à ce concile de Trente, & je ne fuis plus furpris des principes qui y ont été reçus. D'ailleurs, le pape vous faifoit mouvoir à fon gré ; & je prendrois fes arrêts pour regle de ma foi !

Un Inquisiteur.

Comment ! incrédule au faint concíle de Trente ?

Autre Inquisiteur.

Blafphémateur du faint fiege !

Autre Inquisiteur.

Quelle perverfité !

Autre Inquisit eur.

O Dieu, préfervez-nous à jamais du regne d'un prince auffi impie !

Dom Carlos.

L'impiété eft d'allier l'impofture avec la vérité éternelle. Oui, fans doute, vous auriez tout à craindre de moi ; mais ne croyez pas toujours avoir des princes affez fcibles pour vous protéger. Voyez comme le Nord fe dégage de votre joug honteux. Sur le trône d'Angleterre, une femme vous brave ; la Hollande voit répandre fon fang plutôt que de vous fouffrir ; & déjà dans la France, malgré votre afcendant fur le roi, les plus braves des François ont obtenu cette liberté de confcience, l'honneur & la paix de l'humanité. Perfécuteurs impitoyables de quiconque ofe penfer ; répondez-moi : vous-mêmes, quels fruits efpérez-vous retirer de tant d'abominations ? Croyez-vous pouvoir vous accorder avec Dieu comme avec les rois, fi toutefois vous n'êtes pas affez pervers pour le renier intérieurement ? Quelle foi peut avoir en la Divinité celui qui ofe faire un trafic de fes graces, & pour un vil intérêt compromettre à chaqu'inftant fon faint nom ? Tremblez.... votre derniere heure doit venir auffi. Je le vois, ce dogmatique impofteur, qui croit pouvoir tromper les hommes jufques dans fon lit de mort. Ses complices l'affiftent ; ils tremblent qu'il ne fe dévoile ; ils arment l'orgueil pour repouffer les cris de fa confcience. La vérité effrayée ne trouve plus d'organe dans un corps affoibli, que la douleur occupe & que les remedes abufent. Il expire, fe compofant toujours, & fe trompant lui-même. Il croit tout gagner, s'il dérobe aux yeux du monde l'infection de fon ame. Voilà vos derniers momens : foyez fpectateurs des miens ; voyez Dom Carlos quitter la vie fans crainte & mourir avec la fermeté d'un homme innocent, qui met en Dieu fon efpoir & fa confiance. Le maître momentané, dont vous fuivez les loix terribles, paffera comme vous. Il fe reprochera la mort de son fils. C'est alors que les intrigues secretes, les manœuvres sourdes qui vous lient ensemble, seront exposées au grand jour. Sa mémoire sera en horreur à la postérité; & malheur aux rois dont le regne ne sera pour la race future qu'un sujet d'horreur & de scandale ! Malheur aux ministres qui les auront séduits ou secondés !

(*Philippe II envoie Granvelle à Spinola, pour lui ordonner de terminer avec Dom Carlos.*)

S P I N O L A.

Prince, vous présentez un scandale inouï aux membres du S. Office ; ils sont profondément affligés des erreurs funestes où votre ame est tombée, & vous conjurent avec larmes de faire tous vos efforts pour sortir de l'abyme : n'avez-vous plus rien à dire ?

DOM CARLOS, *avec mépris, & se laissant emmener.*

Non.

S P I N O L A.

Nous gémissons de votre réponse.

SCENE XLII.

PHILIPPE II, SPINOLA, LES INQUISITEURS.

SPINOLA, *aux Inquifiteurs.*

Vous l'avez entendu.

LES INQUISITEURS.

Il mérite la mort.... la mort.... la mort... la mort.... (*On écrit, & ils fignent la fentence.*)

SPINOLA, *à Philippe.*

Grand roi très-catholique, de quel terrible emploi nous avez-vous chargés!...... Voici le jugement qu'un inviolable devoir nous a forcés de porter. Notre bouche fe refufe à vous en faire la lecture; fignez, fi vous le pouvez.

PHILIPPE II.

Plus il m'en coûte, & moins je dois différer.... (*Il figne, & dit en prenant la plume :*) C'eft ainfi qu'Abraham facrifia fon fils au Seigneur. (*Aux Inquifiteurs, après avoir figné.*) Le coupable vous eft abandonné, allez.... Rien ne peut maintenant le fouftraire à votre juftice. (*Tous retournent dans l'appartement où eft Dom Carlos.*)

SCENE XLIII.

PHILIPPE II, RUY-GOMEZ, GRANVELLE.

PHILIPPE II, *à Granvelle*.

CARDINAL, veillez exactement sur tout ce dont je vous ai chargé. Chacun répondra sur sa tête, des soins qui lui sont confiés. Ecartez sur-tout jusqu'au moindre soupçon de mort sur Dom Carlos. Dites seulement qu'il est enfermé. (*Granvelle sort.*) (*à Ruy-Gomez*) Vous, Ruy-Gomez, suivez-moi; je le vois, je l'entends encore. Etouffons ces vains prestiges, effets d'un préjugé dont nos foibles organes ont peine à se défendre. Avec quelle hardiesse il a osé parler! Je n'ai pu soutenir son regard enflammé. Oh, que deviendrois-je, s'il venoit à s'échapper!

RUY-GOMEZ.

La reine m'inquiete davantage.

PHILIPPE II.

Vous savez sur qui je me repose...

RUY-GOMEZ.

Votre majesté est-elle bien décidée?

PHILIPPE II.

Vous devez me connoître.... J'ai besoin d'être tranquille, & mon état pour le moment devient plus expofé. Je ne veux point faire un demi - facrifice, c'eſt vous en dire aſſez.

R U Y - G O M E Z.

Comptez fur mon aveugle obéiſſance. Les volontés d'un grand roi comme vous ſont des loix inviolables, qu'on doit exécuter ſans réfléchir. Vous ſavez ſi nous ſommes accoutumés à tout ſacrifier...

P H I L I P P E   I I.

Il ſuffit; n'ayez aucune crainte...Frapper mes ennemis, c'eſt détruire les vôtres mêmes.

S C E N E   XLIV.

Le théatre repréſente le cabinet du Roi , avec une table & des fauteuils. Il y a deux portes : l'une eſt cenſée donner dans l'appartement à coucher du Roi & de la Reine.

ELISABETH, LA DUCHESSE D'ALBE, LA PRINCESSE D'EBOLY, HONORINE.

ELISABETH *dans un fauteuil , paroît dans une attitude gênée & ſouffrante , ayant auprès d'elle la petite infante Iſabelle ſa fille. Sa ſuite eſt dans l'éloignement.*

L A   D U C H E S S E   D ' A L B E.

Vous vous trouvez plus mal, madame, & vous perſiſtez à reſter ici.... Pourquoi
refuſer

refuſer les ſoulagemens qu'on s'empreſſe à vous offrir ?

LA PRINCESSE D'EBOLY.

Nous vous demandons en grace de vous laiſſer conduire dans vôtre appartement. Vous vous ſentirez mieux auſſi - tôt que vous ſerez couchée.

ELISABETH.

Je vous ai déjà dit que je voulois attendre le roi en ce lieu. Retournez vers lui ; dites-lui que j'expirerai à cette place, plutôt que de la quitter avant qu'il s'y rende.

LA PRINCESSE D'EBOLY.

Mais, madame...

ELISABETH.

Allez, ne perdez point de temps.

LA DUCHESSE D'ALBE, *à part à la princeſſe d'Eboly.*

Il faut que le roi ſe décide promptement à la ſatisfaire ; vous m'entendez. ... (*La princeſſe d'Eboly ſort.*)

HONORINE, *à la reine.*

Ah ! par pitié, ne me chaſſez point d'auprès de vous. Eſſayez quelques ſecours. Hélas ! plus votre état empire, plus vous ſavez vous contraindre. Qu'avez-vous ; ma chere Eliſabeth ? au nom de l'amitié, daignez répondre ; qu'avez-vous ?

ELISABETH.

Bonne Honorine, ne te livre point à des

P

inquiétudes superflues. Je supporte mes souffrances, dans l'espoir qu'elles passeront bientôt. Non, ce que j'endure ne sera pas au-
dessus de mon courage. Souleve ma fille : que
je l'embrasse encore...Innocente ! tu me souris
dans mes douleurs. Ton âge heureux te
sauve bien des larmes. Tu ne peux rien
connoître, tu ne peux m'entendre....O
divine providence, protégez-là ! Je remets
entre vos mains son sort & le mien. Chere
Honorine, je t'avois ordonné de me quitter. Ton attachement l'a emporté sur l'obéissance ; & puisque tu me presses de te garder
près de moi, je te charge désormais de
donner tous tes soins à mon enfant. Je
prierai le roi qu'il te confie sa jeunesse. Ce
sera une grande consolation pour moi, de
savoir ma chere petite Isabelle sous la garde
de celle qui m'a élevée. Souviens - toi de
lui rappeller, tous les jours de sa vie, que
mon dernier vœu est qu'elle s'attache à mériter l'amitié de son pere ; qu'elle soit fidelle
aux devoirs que la nature lui impose, &
qu'elle ne croie jamais rien de ce qui
pourroit l'en écarter.

HONORINE.

Vous me parlez comme si vous aviez
perdu l'espérance de l'élever vous - même.
De quel sinistre présage aimez-vous à vous
entretenir !

ELISABETH.

Je ne m'abuse point. Tu voulois vivre

en cette cour pour moi seule ; fais plus, restes-y pour mon enfant.

HONORINE.

Ciel, que me dites-vous, princesse !

LA DUCHESSE D'ALBE, *à Honorine.*

Vous fatiguez la reine, en lui parlant toujours. Sa majesté a besoin de repos.

ELISABETH.

Eloignez-vous, chere Honorine ; je vous l'ordonne. Emmenez ma fille. Si vous restez près d'elle, ne l'entretenez jamais des momens orageux de ma vie, encore moins de celui de ma mort.

(*Honorine se retire avec la petite Isabelle.*)

SCENE XLV.

PHILIPPE II, ELISABETH, LA DUCHESSE D'ALBE, LA PRINCESSE D'EBOLY.

(*Philippe II s'entretient à voix basse avec la princesse d'Eboly.*)

ELISABETH, *à la duchesse d'Albe.*

Vous rendrez compte de tout ce que j'ai dit à ma chere Honorine. Vous êtes témoin que je n'ai rien hasardé qui puisse la compromettre.

LA DUCHESSE D'ALBE.

Je ne sais ce que votre majesté veut me faire entendre.

ELISABETH.

Vos ordres font de ne me point quitter: c'eft vous en dire affez. Au moins vous me laifferez feule avec le roi. Eloignez - vous.

(La ducheffe & la princeffe fe retirent.)

PHILIPPE II, *s'avançant d'un air hypocrite. Il fe tient cependant à quelque diftance de la Reine.*

Que me voulez-vous, madame? Eft - ce ici que je devrois vous trouver, dans l'état où vous êtes?

ELISABETH.

[C'eft le feul moyen que j'aie trouvé pour vous forcer de paroître encore une fois devant moi. Votre deffein étoit d'éviter ma préfence. Je préfume qu'il doit vous en coûter beaucoup en de pareils momens.

PHILIPPE II.

[Il eft vrai, madame, que j'ai paru vouloir éviter cet entretien que vous demandez avec tant d'inftances. J'ai craint vos plaintes & vos clameurs. Croyez-moi, je n'ai pu m'empêcher d'agir avec févérité envers Dom Carlos; & cette prifon où je le retiens, lui fera plus falutaire que nuifible. Je ne demande que fa converfion.

ELISABETH.

Que fa converfion!...

PHILIPPE II.

Dieu qui connoît mes plus fecrettes pen-

fées, me juftifiera de cet emprifonnement.
C'eft non-feulement pour fón bien particulier, mais pour l'intérêt de mes royaumes.
Ma réfolution me caufe à moi-même la
plus profonde douleur ; mais ma feule confolation eft dans l'efpoir que la grace entrera
dans fon cœur.

E L I S A B E T H.

Vous efpérez, vous, lorfque fon arrêt
de mort, figné de votre main, par vos
ordres même, vient d'être exécuté ! ... Ah,
Dom Carlos ! plus heureux que moi, tu as
déjà fini ta funefte carriere.

P H I L I P P E   I I.

Que dites-vous, Madame ? Qui peut
avoir ofé ? .....

E L I S A B E T H.

Ne pourfuivez pas..... Il n'eft plus tems
de feindre. Mes reproches font-ils donc fi
redoutables ? .... Je ne vous en ferai point,
puifqu'ils font inutiles.

P H I L I P P E   I I.

Mais ne croyez point, Madame.....

E L I S A B E T H.

Ceffez, ceffez de vouloir m'en impofer...
Je connois trop l'irrémiffible tribunal auquel
vous avez livré votre fils, pour ne pas fa-
voir qu'on y condamne tous ceux qu'on y
dénonce. Je fais qu'il n'eft plus, & quelle
main lui ôte la vie. Ne jouez point à mes
yeux un rôle qui vous avilit encore davan-

P 3

tage. Soyez vrai malgré vous , puisque tout votre pouvoir n'a pu me cacher cette affreuse vérité ; ce ne sont point vos paroles qui pourroient me dissuader.

PHILIPPE II.

Je crains , Madame , que , malade comme vous l'êtes, vous ne vous abandonniez à de trop fâcheux pressentimens.

ELISABETH.

Dites plutôt que vous redoutez qu'avant ma mort, qui est prochaine , je ne révele un secret que vous vous efforcez de retenir enseveli dans l'ombre ; mais n'appréhendez pas, ma bouche se fermera sans avoir pro-noncé un seul mot sur ce fait abominable.

PHILIPPE II.

Que ne puis-je moi-même en perdre la mémoire ! Je voulois, madame, épargner votre sensibilité. . . . . . . Oui , j'ai été forcé d'offrir à la Majesté divine le sacrifice de ce fils unique, en reconnoissance des bienfaits que j'ai reçus de sa main libérale. J'ai préféré le maintien de la religion , la tranquillité de mes peuples , aux sentimens de la nature.

ELISABETH.

Est-ce devant moi que vous voulez vous excuser ? Oubliez-vous à qui vous parlez ? Voyez l'état où je suis. . . . . . Supprimez ces artificieux détours.

PHILIPPE II.

Je voudrois, au prix de ma vie , vous

voir parfaitement guérie. Laiffez, laiffez au moins donner quelques foulagemens à vos fouffrances.

ELISABETH.

Ainfi, vous vous flattez d'immoler la victime en cachant la main qui lui déchire le flanc. L'habitude de certains forfaits en diminue à vos yeux la noirceur.

PHILIPPE II.

Ah, madame!......Que voulez-vous dire?

ELISABETH.

Croyez-vous m'avoir punie en faifant couler la mort dans mes veines? Non, non; c'eft un bienfait dont je vous rends graces. Vous me délivrez de vous-même. Vous me rendez à Dieu. Recevez mes remerciemens. Soyez tranquille fur votre crime; il demeurera enfeveli dans ma tombe, fi perfonne que moi ne le révele. Depuis le moment où j'ai pris le fatal breuvage, vos complices ne m'ont point quittée. Toujours obfervée, perfonne, excepté Honorine, ne m'a approché. Je ne lui ai rien dit. Cette femme m'aime, & n'eft point coupable. Elle peut vous fervir auprès de l'enfant que je vous laiffe. Je lui ai recommandé d'infpirer à ma fille un attachement fincere à votre perfonne. Elle obéira avec zele en mémoire de moi. Difpenfez-vous de la faire périr: c'eft la feule & derniere grace que j'ai voulu vous demander. J'ai droit de vous parler auſſi ouvertement. Je ſais trop bien à préſent comme vous immolez ceux qui vous portent ombrage. Je ne vous ſupplie point pour la vie de l'infante votre fille, elle ſera moins nuiſible qu'utile à vos projets ; & cet unique rejeton peut ſuffire, puiſque vous n'avez eu nulle pitié du nouveau fruit que je porte dans mes flancs. Vous n'ignorez point l'état où je ſuis, & le double aſſaſſinat que vous commettez.... Quoi, Sire, vous reſtez ſans me répondre ! Vous ſemblez interdit... Allez, je ſens que bientôt nous ſerons délivré l'un & l'autre du poids qui nous oppreſſe.... O Dieu, que je ſouffre ! Quoi ! vous détournez la vue ? Cruel, venez contempler votre ouvrage. La douleur change mes traits, m'arrache des cris ; mais n'altere point la paix intérieure de mon ame ; elle aſpire au moment de rompre ſes liens...... Plus les tourmens s'accroiſſent, plus mon eſpoir augmente.

PHILIPPE II.

Accablé par vos reproches & vos ſoupçons, je ne ſais que répondre. Je n'écoute plus que mon devoir. Il m'oblige, madame, en ces momens ſérieux, de vous rappeller à la religion. J'ai ſujet de craindre que vous ne vous en ſoyez intérieurement écartée... Voulez-vous finir comme Dom Carlos, en refuſant les ſecours des miniſtres du Seigneur ? Aurois-je pour ſurcroît de chagrin celui de vous voir dans un état dangereux, riſquer de mourir ſans confeſſion ?

ELISABETH.

Je ne refuse point de m'humilier en mes derniers momens ; au contraire, je me soumets, pour l'amour de Dieu, à tout ce qu'on exigera de moi. Mais quel intérêt pouvez-vous avoir pour une ame que vous avez si long-tems désolée ? Pourquoi les secours de la religion vous paroissent-ils si nécessaires ! Philippe ! Philippe ! vous vous abusez. Personne ne sera la dupe de cette dévotion apparente dont vous pensez couvrir vos actions détestables. On ne reconnoîtra dans ce zele affecté pour la religion qu'un lâche moyen de politique pour satisfaire vos idées ambitieuses & vos passions désordonnées. Non, vous ne réussirez jamais qu'à faire des malheureux & à l'être vous-même. Avec les trésors du Nouveau-Monde vous ruinerez votre royaume. Les noms de ceux que vous avez fait périr cruellement, seront l'opprobre du vôtre. L'épouvantable récit de vos atrocités, gravé dans l'histoire, effraiera la race future, qui ne pourra le lire sans horreur. Vos prêtres & vos loix seront un jour détestés par toute la terre. On placera votre image auprès de celle des Tibere & des Néron ; & lorsque les peuples voudront inspirer à leurs enfans l'horreur d'un despote, ils prononceront seulement le nom de Philippe II.

PHILIPPE II.

Je ne vous réponds que par des pleurs, &

me contente de gémir de vos discours. Je vous les pardonne.... je veux même les oublier.... Je vous conjure, par tout ce qu'il y a de plus sacré, de ne laisser échapper publiquement aucun de vos injurieux soupçons.

ÉLISABETH.

Vous craignez plus le monde que Dieu & votre conscience. Dans ce moment je ne vous appréhende plus ; & si je me tais, c'est pour épargner des sujets de vengeance & des guerres, dont le pauvre peuple est toujours victime. Vos remords seront mes plus terribles vengeurs. Si vous me survivez long-tems, la présence de ma fille sera pour vous un reproche. Vous direz malgré vous, en la regardant : j'ai ôté la vie à ta mere.... Je sens que je ne peux plus résister à mes souffrances. Un surcroît de douleur encore plus aiguë..... Ce que je souffre est inexprimable. Appellez..... Que l'on m'emporte. Quel tremblement !.... Dieu des miséricorde, faites que ce nouvel assaut soit le dernier !

(*Philippe II va vers la porte, fait un signe. Aussi-tôt la duchesse d'Albe, la princesse d'Eboly, des dames de la Reine & des officiers l'emportent.*)

PHILIPPE II, *s'approchant d'un air composé vers Elisabeth.*

Hélas, madame !

ELISABETH, *détournant la tête.*

Retirez-vous, laissez-moi...... laissez-moi mourir en paix.

SCENE XLVI.

PHILILLE II, *seul.*

ELLE me glace d'effroi..... Je crains de me trahir.... Ses souffrances me déchirent & me font souffrir plus qu'elle....L'enfer est dans mon cœur.... Je suis dévoré d'inquiétudes..... Peut-être serai-je tranquille quand elle ne sera plus.... Quoi ! je me sens ému!.... Bannissons cette foiblesse.... Ah ! si j'éprouvois toujours ce que je sens à cette heure, seroit-il dans l'univers un mortel plus tourmenté que moi ? (*Il s'approche de la table & veut écrire.*) A peine puis-je tenir la plume.... Ma main tremblante.... (*Il écrit & répete tout haut :*)
      « Très-saint Pere.
      » Par le devoir qu'impose l'obéissance
» filiale que tous les princes doivent à vo-
» tre sainteté, & dont en mon particulier
» je me fais gloire de vous donner des mar-
» ques authentiques, je dois rendre compte
» à votre béatitude, comme à mon pere
» spirituel, de toutes mes actions, sur-tout
» dans les affaires importantes... » (*à part.*)
Ces sortes de soumissions ne me coûtent
rien. C'est dans un moment semblable que
je dois amadouer le souverain pontife. (*Il
continue d'écrire.*) « En conséquence, j'ai cru
» indispensable de donner avis à votre sain-
» teté des raisons qui m'ont fait prendre un

» parti extrême envers mon fils, pour rem-
» plir d'un même coup ce que je dois à la
» religion & au salut de tout mes peuples. »

SCENE XLVII.

PHILIPPE II, GRANVELLE.

PHILIPPE II.

EH bien, mon cher cardinal ? (*Il écrit.*)

GRANVELLE.

Que votre majesté soit tranquille : la reine
a reçu avec soumission le confesseur que vous
lui avez choisi. Il étoit déjà dans son appartement lorsqu'on l'a emmenée. Il ne la quit-
tera plus, & viendra ensuite faire son rapport
de ce qu'elle lui aura découvert.

PHILIPPE II.

Comment a-t-elle pu savoir si promptement le sort de Dom Carlos ? Cela me
trouble & m'inquiete. J'avois tant recommandé qu'on lui cachât jusqu'aux moindres
apparences.

(*Il continue d'écrire.*)

GRANVELLE.

Sire, malgré tous nos soins, la mort de
Dom Carlos est un bruit public ; on ne peut
la taire plus long-tems. Il seroit nécessaire
d'en instruire vous - même les puissances
étrangeres, afin qu'elles ne prennent pas des
idées trop désavantageuses.

Philippe II,

C'est à quoi je m'occupe : j'écris au pape.
Il faut empêcher tous les discours que l'on
pourroit tenir à Rome. Cette cour est su-
jette à vouloir pénétrer les actions les plus
secretes des rois ; mais il me sera facile de
lui donner le change, & de répandre des
ténebres.....Cardinal, vous avez eu des
dépêches de Flandre ?

(Philippe plie sa lettre & y appose son cachet.)

Granvelle.

Sire, ce pays se livre à des excès sans
exemple. Les États ont dressé un acte par
lequel ils se dégagent entiérement de votre
souveraineté. Tous les officiers, tant civils
que militaires, l'ont signé publiquement,
aux acclamations du peuple. Ils ont rompu
les sceaux de votre majesté, annullé vos
édits, déchiré vos portraits, brisé vos statues,
& détruit tous les monumens de votre regne.
Enfin, ils déclarent que c'est un droit inhé-
rent à tous les peuples libres de renoncer à
l'obéissance du prince, quand il refuse obs-
tinément de remplir les devoirs auxquels il
s'est engagé par serment, en recevant celui
de ses sujets. Ils parlent de loix fondamentales.

Philippe II.

Ai-je tort d'user de rigueur ? Que n'auroient-ils donc pas osé, si j'eusse molli à leur
égard ?.... J'appesantirai mon bras.

GRANVELLE.

Voici les féditieufes raifons qu'ils ont l'audace d'expofer publiquement.

PHILIPPE II.

Lifez.

GRANVELLE, *lifant.*

Si les rois ont été revêtus de l'autorité, & fi les fujets leur doivent l'obéiffance, c'eft en vertu d'un contrat néceffaire, par lequel un roi s'engage à protéger, défendre & gouverner fagement le peuple dont il eft le maître; tandis que celui-ci doit lui être foumis, refpectueux, & confacrer, s'il le faut, fa vie & fes propriétés, pour former la force & la puiffance du fouverain : mais dans tous les états policés il y a des loix qui déterminent les devoirs & les droits des fujets; & lorfque les rois, aveuglés par l'amour d'un plus grand pouvoir, ont voulu fe mettre au-deffus de ces loix, &, ne fuivant que leur volonté arbitraire, ufer de violence & maltraiter inhumainement ceux qui leur avoient confié l'autorité, alors on a vu les peuples, pouffés à bout par ces outrages, fe choifir un autre maître, un autre protecteur, & ceffer de fe regarder comme tenus à l'obéiffance envers l'infracteur du pacte focial; car rien ne peut être mis en balance avec la fûreté & le bonheur de tous les individus qui compofent un état. En conféquence nous, les Etats de la Flandre, &c.

PHILIPPE II.

Quelles abominables maximes !... Je ne m'étonne plus de la rebellion ; elle se portera aux derniers excès, en suivant de pareilles idées : mais je saurai la réduire par la force.

GRANVELLE.

Sire, je crains encore de vous lire l'*apologie* que le prince d'Orange a présentée aux Etats, en réponse à la proscription que vous avez lancée contre lui.

PHILIPPE II.

Je suis curieux de savoir ce qu'elle contient.

GRANVELLE.

Je prie sa majesté de se dispenser d'entendre des propos aussi outrageans.

PHILIPPE II.

Non, non, je ne dois rien ignorer. Lisez, lisez, vous dis-je.

GRANVELLE.

Vous l'ordonnez absolument ?

PHILIPPE II.

Je vous le répete, je le veux.

GRANVELLE.

Je vous obéis avec peine, & ma bouche prononcera avec répugnance des expressions aussi scandaleuses..... (*Il lit.*) " Ces traits

» lancés contre moi ne partent point de la
» main de ces satyriques obscurs que j'ai tou-
» jours méprisés, & auxquels j'ai dédaigné
» constamment de répondre. Mon accusa-
» teur est un roi puissant, qui veut me per-
» cer le sein, dans l'espérance qu'après avoir
» porté ce coup à la confédération, il lui
» sera plus aisé de la détruire. Toute per-
» sonne instruite de la conduite qu'à tenue
» le roi d'Espagne dans les différentes par-
» ties de ses domaines, qui connoissent les
» cruautés qu'il a exercées dans le royaume
» de Grenade, dans le Mexique & au Pé-
» rou, pourront facilement attribuer au ca-
» ractere de ce prince les calamités dont les
» peuples des Pays-Bas sont & ont été acca-
» blés. Il me reproche d'avoir favorisé les
» protestans. Je réponds qu'avant d'avoir
» embrassé la religion réformée, je n'avois
» aucun sentiment de haine contre ceux qui
» la professoient, & cela ne doit point sur-
» prendre, si l'on considere que j'avois été
» rempli de bonne heure de principes reli-
» gieux. Mon pere avoit établi la réforme
» dans ses domaines ; il l'avoit toujours pro-
» fessée, & il est mort dans cette croyance.
» J'avouerai même que, lorsque j'étois à la
» cour de l'empereur, où j'avois été élevé
» dans la religion romaine, j'avois en hor-
» reur les cruautés qu'exerçoient les Inqui-
» siteurs. J'avoue aussi que le roi d'Espa-
» gne, partant pour la Zélande, me com-
» manda de faire périr plusieurs personnes,
» parce

» parce qu'elles fuivoient la religion réfor-
» mée. J'ai refufé formellement d'obéir. Je
» fis même avertir les profcrits du danger
» auquel ils étoient expofés. Après les preu-
» ves que j'ai données du peu de crainte
» que m'infpire le pouvoir de Philippe, c'eft
» un moyen bien puérile qu'il emploie que
» cette profcription. Quelle eft la nation en
» Europe , quel eft le prince, excepté le
» roi d'Efpagne, qui ne regarde comme
» barbare & déshonorant d'autorifer & d'en-
» courager publiquement le meurtre & l'af-
» faffinat? Mais tous les fentimens d'honneur
» & d'humanité font étrangers à Philippe II;
» ce roi, ayant recours à un affaffin pour fe
» défaire d'un ennemi qui ne lui cache ni fa
» haine ni fon mépris, avoue à la face de
» l'univers, que s'il en agit ainfi, c'eft qu'il
» n'a pas l'efpérance de me réduire par la
» force des armes. . . .»

P H I L I P P E II.

Comment. . . . . comment. . . . en propres
termes ! Et tout cela eft répandu publiquement ! C'eft imprimé !

G R A N V E L L E.

Imprimé, répandu, Sire.

P H I L I P P E II.

N'y auroit-il pas des moyens pour anéantir à jamais cette dangereufe, cette fatale
imprimerie ?. . . . Détestable invention !

GRANVELLE.

Cela est impossible aujourd'hui, Sire, absolument impossible.

PHILIPPE II.

Ah, que me faut-il endurer ! Est-il possible ! Quoi, il ne se trouvera pas un seul homme qui me venge !

GRANVELLE.

Beaucoup ont promis & sont disposés... Peut-être en ce moment même Guillaume sent-il le poignard s'enfoncer dans son cœur.

PHILIPPE II.

Si ce coup tardif eût été fait plutôt, la religion & moi y aurions beaucoup gagné.

GRANVELLE.

Les médecins sortent de l'appartement de la reine, & viennent vous rendre compte.

SCENE XLVIII.

PHILIPPE II, GRANVELLE, DES MÉDECINS.

PHILIPPE II, *allant au-devant d'eux.*

COMMENT va la reine ?

UN MÉDECIN.

Mal, très mal, Sire.

AUTRE MÉDECIN.

Nous sommes dans la triste nécessité de prévenir votre majesté que, vu les progrès subits de la maladie, nous ne pouvons répondre de rien.

PHILIPPE II.

Vous me désolez...... Quoi, déjà sans espérance ?

UN AUTRE MÉDECIN.

Sire, ce sont la duchesse d'Albe & la princesse d'Eboly qui administrent à la reine tout ce que nous ordonnons. Elles peuvent rendre témoignage que nous n'avons rien prescrit que d'une efficacité reconnue. Cependant le danger augmente, & nous tremblons que d'un moment à l'autre. . . .

PHILIPPE II.

Retournez vîte près d'elle, employez toutes les ressources de votre art. Dieu, sauvez-la ! . . . . Quel coup pour moi, si je la perds ! (*Les médecins sortent.*) (*A Granvelle.*) L'outrage de cet audacieux prince d'Orange me trouble l'esprit, au point que je ne sais plus où j'en suis. Je ne me possede plus.

GRANVELLE.

Sire, de vils ennemis vous chagrinent ; mais l'église vous défendra contre eux. Une nouvelle bulle, publiée par le pape, va vous être présentée avec le plus grand appareil, & vous dédommagera de tous les sarcasmes des hérétiques. La légation attend le moment d'audience.

PHILIPPE II.

Voici notre confesseur..... Laissez - moi seul avec lui, & ne faites introduire le nonce qu'après qu'il se sera retiré. Je suis bien impatient d'apprendre ce qu'il a à me dire. (*Granvelle sort.*)

SCENE XLXIX.
PHILIPPE II, LE PERE ***.
PHILIPPE II.

EH bien, mon pere, avez - vous reçu la confession de la reine ?

LE PERE ***.

Hélas ! oui, Sire.

PHILIPPE II.

Vous avez fait serment de ne me rien cacher, de me révéler tout ce qu'elle a pu vous dire. La religion permet cette espece d'infraction dans certaines circonstances. C'est l'intérêt de l'état, celui de l'église même.

LE PERE ***.

Sire, vous répéter sa confession c'est faire son éloge. Depuis trente années que je tiens le tribunal de la pénitence, je n'ai pas encoer trouvé une conscience si pure, une ame aussi noble, aussi remplie de candeur & de piété. Déchirée par la violence de son mal, elle avoit la force de se contraindre; elle poussoit des cris, mais ne se plaignoit pas. Entiérement disposée à la mort, la desirant même, ayant une confiance parfaite en Dieu; je ne savois que lui dire, car elle étoit résignée d'avance. Elle m'a fait l'aveu général de ses fautes, avec une franchise mêlée d'un repentir si sincere, que j'étois étonné de la voir touchée à ce point pour de légeres fautes, trop communes & trop petites pour être rapportées.

Philippe II.

Etes-vous certain qu'elle vous ait tout dit?... L'avez-vous bien éprouvée, comme je vous en avois prévenu?

Le Pere ***.

Ce n'est pas à son dernier moment que le pécheur nous abuse; son intérêt est au-dessus de toutes les opinions mondaines. Il ne perd plus rien à tout dire; & pour taire un seul mot, il risque l'éternité.

Philippe II.

Je pense qu'on peut encore fort bien dissimuler jusques-là. Mais, vous ne lui avez donc point fait avouer la haine secrete qu'elle me portoit, & dont je suis assuré? Voilà cependant un crime capital.

Le Pere ***.

La reine m'a protesté n'avoir jamais conservé d'inimitié réelle envers votre majesté. Elle m'a avoué seulement qu'elle n'avoit

jamais pu vous aimer, quelque effort qu'elle
ait voulu se faire; & ne pouvoir pas aimer
son mari, suivant les casuistes, n'est point
un péché volontaire.

P H I L I P P E II.

Non, mais nourrir une passion inces-
tueuse. Est-ce qu'elle auroit nié tout ce
que je vous ai révélé au sujet de Dom
Carlos ?

L E P E R E ✳✳✳.

Son amour pour le prince votre fils a pris
naissance dans un temps où il étoit légitime,
puisqu'il devoit être son époux, & contre
son gré elle a été forcée de vous donner sa
main. Elle a fait tout ce qui est au pouvoir
d'une foible mortelle, se combattre soi-
même. Et sa vie, depuis l'instant qu'elle
est devenue votre épouse, est un sujet de
louange, & non de reproche.

P H I L I P P E II, *vivement*.

Mais elle s'entendoit avec Dom Carlos.

L E P E R E ✳✳✳.

Uniquement, Sire, pour vos intérêts
communs, pour le porter à se vaincre.

P H I L I P P E II.

Elle étoit instruite de son départ. Ils cons-
piroient ensemble contre moi.

L E P E R E ✳✳✳.

Au contraire.... Elle faisoit tous ses efforts
pour vous réunir ensemble, & rendre un fils
à son pere....

PHILIPPE II.

Au moins deſiroit-elle intérieurement ma mort, puiſqu'elle étoit forcément unie à moi, & qu'elle ne m'aimoit point. Lui avez-vous fait cette demande mot pour mot, comme je vous l'avois expreſſément recommandé ?

LE PERE ***.

Je lui ai tout repréſenté ; j'ai même inſiſté avec force, & j'ai reconnu par ſes réponſes combien ſa vertu étoit reſtée intacte. Elle étoit encore plus attachée aux principes de la ſaine morale qu'elle n'étoit éloignée de vous. Et c'eſt parce qu'elle ne pouvoit pas vous aimer, qu'elle ſe trouvoit indiſpenſablement obligée de réparer cette faute involontaire, en employant ſa vie à remplir rigidement ſes devoirs.

PHILIPPE II.

Vous a-t-elle entretenu de la nature de ſon mal ?

LE PERE ***.

Aucunement ; mais il m'a paru d'une violence extrême, & ſon accroiſſement précipité m'a bouleverſé moi-même. A chaque inſtant je voyois la mort qui s'avançoit, & je ne ne l'ai quittée que lorſque dans le dernier accès elle a perdu totalement la parole.

PHILIPPE II, *à demi voix*.

Elle ne vous auroit point fait entendre qu'elle ne croyoit pas ſa mort naturelle ?

LE PERE ***, *troublé.*

Elle ne m'a rien dit de semblable. Eh ! qui oseroit imaginer un tel attentat ? Qui pourroit être aussi barbare ? Quel qu'il fût, la vengeance céleste l'atteindroit, & ne permettroit pas qu'un pareil forfait demeurât impuni.

PHILIPPE II.

C'en est assez, retirez-vous. . . . . . Non, revenez, écoutez. Je vous ai promis une récompense, vous pouvez la demander. Que desirez-vous ?

LE PERE ***.

De retourner dans mon couvent, d'y vivre désormais en vrai solitaire, & de ne plus être de ma vie mandé à la cour.

PHILIPPE II.

Mais vous avez cependant jusqu'ici témoigné une ardeur assez vive de parvenir. Ce froc ne vous plaisoit pas, je pense ?

LE PERE ***.

Toutes mes idées ambitieuses viennent de s'effacer devant les traits défigurés de cette jeune reine. . . . . Oui, c'étoit un modele de vertu, un ange digne du bonheur éternel. L'aspect d'une mort aussi terrible m'a terrassé. Je la vois, je l'entends encore. . . . . . Ses yeux renversés, sa bouche souffrante, son dernier cri. . . . Ah, Sire.

PHILIPPE II, *se promenant d'un air agité, & faisant signe de la main.*

Allez, allez; c'est assez. Laissez-moi.

SCENE L.

PHILIPPE II, *seul.*

Tout m'accable, & semble conspirer à troubler mon repos. Plus j'avance, plus je suis en proie aux tourmens. Cette femme étoit la plus douce que j'eusse encore connue. Elle sait que je la fais périr, & garde le silence sans chercher à se venger ! Elle m'épargne aux yeux d'autrui, moi qui ai causé le désespoir de sa vie ! Elle meurt, en espérant une autre vie plus heureuse. C'est ainsi que mon fils a terminé ses jours. Tous ceux dont je me défais, paisibles à leur dernier moment, semblent m'ajourner devant l'Eternel. Que deviendrai-je ! Affreuse incertitude, qui vient trop souvent m'assaillir ! Je me suis dit quelquefois : Rapportons tout à notre existence ; car la lumiere une fois éteinte, le reste est fort douteux. Mais je sens au-dedans de moi-même que je ne saurois m'endormir avec sécurité. La voix de ma femme, celle de mon fils me parlent toujours malgré moi. Ils expirent..... Et qu'ai-je gagné à leur mort ? Ah ! pourquoi ces idées désolantes sont-elles présentes à mon

efprit ! J'ai toujours remarqué que la fatis-
faction de la vengeance étoit rapide comme
le coup de hache. . . . Do:s-je céder au fan-
tôme épouvantable qui me pourfuit ? Mon
imagination en eft troub'ée. Incertain , dé-
fefpéré. . . . Mon fils ! mon époufe ! Dieu vengeur ! (*Il apperçoit Ruy-Gomez.*) Ruy-Gomez , Ruy - Gomez , pourquoi me iaiffez-
vous fcul ? Toutes fortes de penfées finiftres...
d's frayeurs inconnues. . . . . Imaginez - vous
quel eft mon état. Je crois avoir des remords.

SCENE LI.

PHILIPPE II, RUY-GOMEZ.

Ruy-Gomez.

Seriez-vous indifposé, Sire ?

Philippe II.

Je ne fais.... Mais vous, tant de morts
précipitées ne vous frappent-elles pas ?

Ruy-Gomez.

O mon roi ! ô mon maitre ! fouffrez que
je vous rende à vous-même. Revenez à vos
principes fondamentaux, & qui doivent être
inébranlables. Attendez feulement à demain,
& ces momens de foibleffe feront évanouis.
Non, il ne faut point démentir ce caractere
élevé, ferme, inflexible, & que vous avez
merveilleufement foutenu jufqu'ici. Il n'eft
plus tems de reculer ; la moindre marque
de foibleffe ou de repentir vous dévoileroit &
vous aviliroit aux yeux de tout l'univers. Ne
fongez qu'à vous diftraire. Si quelque rebelle exifte encore, il difparoîtra demain.
N'avez-vous pas autour de vous les mêmes
refpects, les mêmes hommages ? Avez-vous
perdu un de vos ferviteurs fideles ? L'Efpagne, l'Italie, ont les yeux attachés fur le
deftructeur des hérétiques. Le fouverain pontife vous envoie en ce moment des marques

authentiques de la prédilection la plus distin-
guée. Le nonce & les cardinaux n'attendent
que le moment de vous remettre cette marque de gratitude du Saint Pere. Je vais les
introduire. Jouiſſez de vos victoires ; tout
ce qui eſt ombre au tableau , s'effacera. Je
vais tout diſpoſer, afin que vous ſoyez bientôt rendu à vos plaiſirs ſecrets. Le paſſé va
s'anéantir dans un profond oubli , & vous
avancerez dans un avenir toujours plus varié ,
toujours plus heureux.

PHILIPPE II , *toujours ſombre & agité.*

Faites-les entrer. Oui , dans ce moment-
ci cela fera un bon effet, & pourra me diſ-
traire. Mais revenez auſſi-tôt ; j'ai beſoin
de vous. (*Ruy - Gomez ſort.*) (*A part.*)
Cet homme m'eſt néceſſaire.......Il n'y a
qu'avec lui que je me trouve moins mal.
Quand je reſte ſeul , je me ſuis à charge à
moi-même. Sans ceſſe il faut me contraindre. Si je ne jouis pas de cette paix , de ce
bonheur pour lequel je ſacrifie tout, qu'il
n'y ait au moins que moi ſeul qui le ſache.
Ne mettons pas ſur-tout nos ennemis dans
le cas de ſe réjouir de nos peines. Bravons
les remords en apparence juſqu'au dernier
ſoupir.

SCENE DERNIERE.

La grande porte du fond s'ouvre entiérement.
On voit entrer le légat conduit par Gran-
velle, Spinola, Ruy-Gomez, quantité
de cardinaux, évêques, prêtres, moines,
&c. & plusieurs seigneurs avec la suite du
Roi.

PHILIPPE II, LE LÉGAT.

Le Légat, *portant la bulle en cérémonie.*

Grand & illuſtre roi très-catholique,
vous le plus puiſſant prince de la terre, le
plus pieux, le plus religieux de tous les
mortels, recevez du très-ſaint Pere les marques diſtinguées d'affection dont il récom-
penſe votre zele pour la foi. Cette nouvelle
bulle vous déclare aux yeux de toute la chrétienté le vicaire du ſaint-ſiege, le protecteur né de l'égliſe catholique, apoſtolique
& romaine. Réjouiſſez-vous au milieu des
tribulations qui vous environnent; car elles
ne ſont rien auprès de la gloire dont vous
vous couvrez aux yeux des fideles. Pour-
ſuivez avec la même ardeur, & bientôt,
avec le ſecours de nos prieres & de nos
interceſſions, on verra la Hollande rentrer
dans le bercail dont elle s'eſt échappée.
Non, l'héréſie ne peut durer long-temps

fous vos coups. Tout vous prédit la gloire
d'en avoir arraché jufqu'à la moindre racine,
& quand vos yeux fe fermeront pour s'ouvrir à la béatitude éternelle, ils auront eu
la confolation de voir la terre entiere fou-
mife, par l'effort de vos armes, à la foi catholique, dont vous vous êtes montré le
plus intrépide défenfeur. Je vois d'avance
toute l'Allemagne & l'Angleterre redeve-
nues catholiques. Il ne reftera plus à votre
majefté un feul homme qui ne foit fous le
joug de l'églife romaine. Et cette prédic-
tion eft auffi fûre d'être accomplie, qu'il
eft vrai que le pape eft infaillible. Sa fain-
teté envoie au duc d'Albe une épée & un
chapeau. Un pareil honneur n'a été accordé
jufqu'ici qu'à des princes iffus du fang des
rois ; mais le S. Pere, veut bien, par grace
extraordinaire, récompenfer ainfi les mer-
veilleufes actions d'un général fi précieux
à la catholicité.

PHILIPPE II.

Je reçois avec la plus profonde reconnoiffance les titres glorieux dont le pere
commun des fideles daigne m'honorer. Ils
deviennent un foulagement aux chagrins
dont je fuis pénétré. Rendez-lui mes folem-
nelles actions de graces pour d'auffi grands
bienfaits. (*Il donne la lettre.*) Tenez, voici
une lettre pour le S. Pere ; elle regarde la
trifte caufe de mon fils.

Le Nonce.

Sire, je n'ai ofé m'informer de fon fort. Jufqu'ici j'ai tout écouté dans un refpectueux filence, incertain s'il eft vrai qu'il ne foit plus.

Philippe II.

Hélas! il nous a été ravi, de peur que la malice du fiecle ne changeât fon cœur, & que l'adulation des cours ne féduisît fon efprit. *Il fe fait beaucoup de bruit du côté de la porte de l'appartement de la Reine. Les médecins en fortent, accablés de trifteffe. La ducheffe d'Albe, la princeffe d'Eboly & toute la fuite de la Reine fondent en larmes.*) Mais ce n'eft pas encore la derniere épreuve que la volonté du Ciel me réfervoit. Voyez la confternation, les fanglots... Ah, Dieu! Elifabeth n'eft plus!... C'en eft donc fait. Dans un moment fi cruel commandons à la douleur, & ne fongeons qu'à prier pour elle. Venez tous; c'eft le falut de fon ame qui doit nous occuper; les prieres de l'églife obtiennent miféricorde. J'ordonne qu'on commence dès ce jour à dire des meffes pendant trois mois par tous mes royaumes, & je répandrai des aumônes abondantes fur chaque églife. (*Il s'appuie fur le légat & fur le nonce, & dit en s'en allant:*) Approchez, dignes prélats, foutenez-moi; venez, Granvelle, Spinola, Ruy-Gomez, vous les appuis de mon trône. Vous me voyez accablé de triſteſſe ; mais ſi avec le ſecours du ciel je parviens à détruire juſqu'au dernier des hérétiques, ma conſolation ſera entiere, & je propagerai pendant tout mon regne la foi catholique juſqu'aux extrêmités de la terre.

F I N.